열두 살 궁그미를 위한
의학아 고마위!

일주일에 끝내는 의학 역사

Beware the Doc!
©originally published by Běžíliška, Prague, 2019, through Albatros Media a.s.
Author: Petr Svobodný, Robin Král
Illustrator: Nikola Logosová
Design: Zuzana Lednická
www.albatrosmedia.eu
All rights reserved.

Korean translation copyright © 2023 by Nikebooks

This Korean edition published by arrangement with Albatros Media a.s. through YuRiJang Literary Agency.

이 책의 한국어판 저작권은 유리장 에이전시를 통해
저작권자와 독점 계약한 니케북스에 있습니다.
저작권법에 의하여 한국 내에서 보호를 받는 저작물이므로 무단전재 및 복제를 금합니다.

1996년
"아빠, 아빠는 왜 온종일 책만 읽어요?"
"그냥 읽는 게 아니고 일하는 거야."
"무슨 일인데요?"
"책을 쓰려고 자료조사 중이야."
"무슨 책이요?"
"의학의 역사에 관한 책이지."
"그런 거 말고 제대로 된 책 좀 쓰면 안 돼요? 동화책 같은 거요."

2016년
"아빠, 아빠는 왜 온종일 책만 읽어요?"
"그냥 책 읽는 게 아니고 일하는 거야."
"무슨 일인데요?"
"의학의 역사에 관한 어린이 책을 써보라는 제안이 들어와서."
"그런 거 말고 제대로 된 책 좀 쓰면 안 돼요?"

상처 난 무릎, 뽀뽀 한 번이면 낫는 엄살, 수두, 배탈, 열, 쓴 약 먹기, 예방접종, 안경, 치열교정기…. 열 살이나 열세 살 정도의 아이라면 이미 이런 것들을 경험했거나 경험하고 있을 겁니다. 어른이 되어도 다치거나 병이 들면 병원에서 치료 받거나 입원하기도 하죠. 이처럼 아픈 몸을 치료하는 일상은 학교나 직장에 가는 것처럼 우리 생활의 일부입니다.

이 책은 선사시대부터 현대에 이르는 시간과 전 세계를 아우르는 공간 속에서 인류가 경험한 다양한 의학의 역사를 이야기합니다. 질병이 발생하고 확산되는 과정, 질병의 원인을 찾기 위한 인간의 노력과 치료법 등을 살펴볼 거예요. 인류 역사와 함께 등장한 여러 가지 치료법과 과학으로서의 의학은 보통 유명한 의사와 과학자들이 열심히 연구한 결과로만 나타납니다. 하지만 현실은 그보다 훨씬 복잡하죠. 특히 현대 의학을 연구하는 학자들은 병원, 의료인, 다른 직종의 전문가, 여러 기관의 연구 결과, 그리고 환자의 상황 등 모든 분야를 총망라하여 연구합니다.

<의학아 고마워!>에서는 인류가 옛날부터 현재까지 겪어왔던 건강에 관한 주요 문제를 아이와 부모가 일주일간 생활하는 이야기로 살펴보려고 해요.
특히 19세기와 20세기에 획기적인 전환점이 되었던 사건들을 알아볼 겁니다. 이야기를 살짝 엿볼까요!

월요일에는 선사시대 때 머리를 다친 사람을 주술사가 어떻게 치료했을지, 오늘날 외과 의사는 어떻게 하는지 살펴보면 재밌겠죠. 화요일에는 얼굴이 퉁퉁 부을 정도로 이가 아픈 아이에게 고대 그리스의 아이들도 똑같은 아픔을 겪으며 성장했다며 병원에 대한 두려움을 없애주는 어머니의 모습이 보여요. 수요일에는 전염병 예방주사를 무서워하는 아이에게 18세기 말부터 의사들이 전염병을 이겨내기 위해 노력하는 과정을 재미있게 이야기해주는 아버지가 등장해요. 목요일에는 먹기 싫은 음식을 포크로 이리저리 찔러보는 아이에게 르네상스 시대의 부검에서부터 현대의 초음파 검사까지 진단 방법의 변천을 알려줍니다. 금요일에는 끔찍한 독약이지만 때로는 효과적인 약재가 될 수 있으며, 현대뿐 아니라 바로크 시대에 만들어진 약에도 독약 성분이 아주 조금씩 들어간다는 것을 배워요. 토요일에는 가족여행 때문에 머리가 아파 미칠 지경인 엄마에게 예전부터 몸과 마음 사이의 밀고 당김이 병으로 나타나는 현상과 치료법을 말해주는 아버지가 등장합니다. 마지막으로 일요일에는 의사, 간호사, 주삿바늘, 병원 냄새 등을 무서워할 필요가 없다는 사실을 알려줘요.

아직까지 모든 질병을 이겨낼 정도로 의학이 발전하지 않았지만 의사에게 진료와 처방을 받는 것은 혼자서 자신의 몸에 대해 짐작하고 병을 키우는 것보다는 아주 현명한 행동이랍니다. 의사가 예방주사를 맞으라고 하면 그 말을 따르는 게 좋아요.

<이 책을 읽는 방법>
일주일에 끝내는 의학 역사는 여러 가지 주제로 구성되어 있어요. 의학 상식뿐만 아니라 의학과 관련된 인물, 의학 정보를 잘 이해할 수 있는 시, 요일별 주제를 끌어가는 가족의 대화도 들어 있어요. 이것들을 구분하는 것은 글자 크기와 모양입니다. 같은 모양, 같은 크기의 글자대로 단락을 따라 읽다 보면 글의 흐름을 훨씬 쉽게 이해할 수 있을 거예요.

머리 깨진 월요일
TREPANATION MONDAY

11

수술하는 화요일
SURGERY TUESDAY

23

전염병 수요일
Plague Wednesday

35

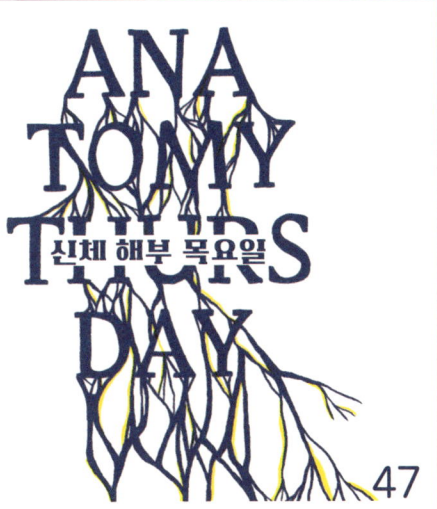

신체 해부 목요일
ANATOMY THURSDAY

47

독극물 중독 금요일
Potion FRIDAY

59

정신 이상 토요일
LOONY SATURDAY

71

물집 잡힌 일요일
Blister Sunday

83

머리 깨진 월요일

TREPANATION MONDAY

"얼른 일어나야지!"
"싫어요!"
"학교에 늦겠어."
"못 가겠어요. 머리가 아파요."
"당연히 그러시겠지요. 여기도 아프고~, 저기도 아프고~, 온몸이 쑤시겠지요."
"맹세해요, 정말 아프다니까요!"
"그만해. 어디 보자…, 열은 없고. 어제 크르치(Krč, 프라하 남부의 마을)에서 하수관 위로 넘어져서 그런 것 같은데…. 헬멧을 쓰고 있었으니 다행이지, 안 그랬으면 네안데르탈인처럼 머리에 천공을 해야 했을거야."
"찬공요?"
"천공! 선사시대 사람들은 머리가 아프면 그렇게 치료했거든."

옛날, 옛날에 모든 산들이 냉동창고처럼 꽁꽁 언 적이 있었답니다.
선사시대의 씩씩한 산악인 외치(ötzi)는 겹겹이 옷을 껴입고,
하늘에 닿으려고 산을 오르기 시작했어요.
하지만 불행하게도 날씨가 점점 나빠져
조롱박 같은 몸매를 한 외치는 얼어 죽고 말았답니다.

몇천 년 후,
둥글게 모여 있던 의사들은 놀라움에 입을 다물 수가 없었어요.
"와! 여기 와서 이것 좀 보세요!"
"오래된 인류인데, 마치 엊그제 돌아가신 분 같아요!"
"모든 조직이 완벽하게 보존되어 있네요!"
"'냉동인간 아저씨', 당신께 경의를 표합니다!"

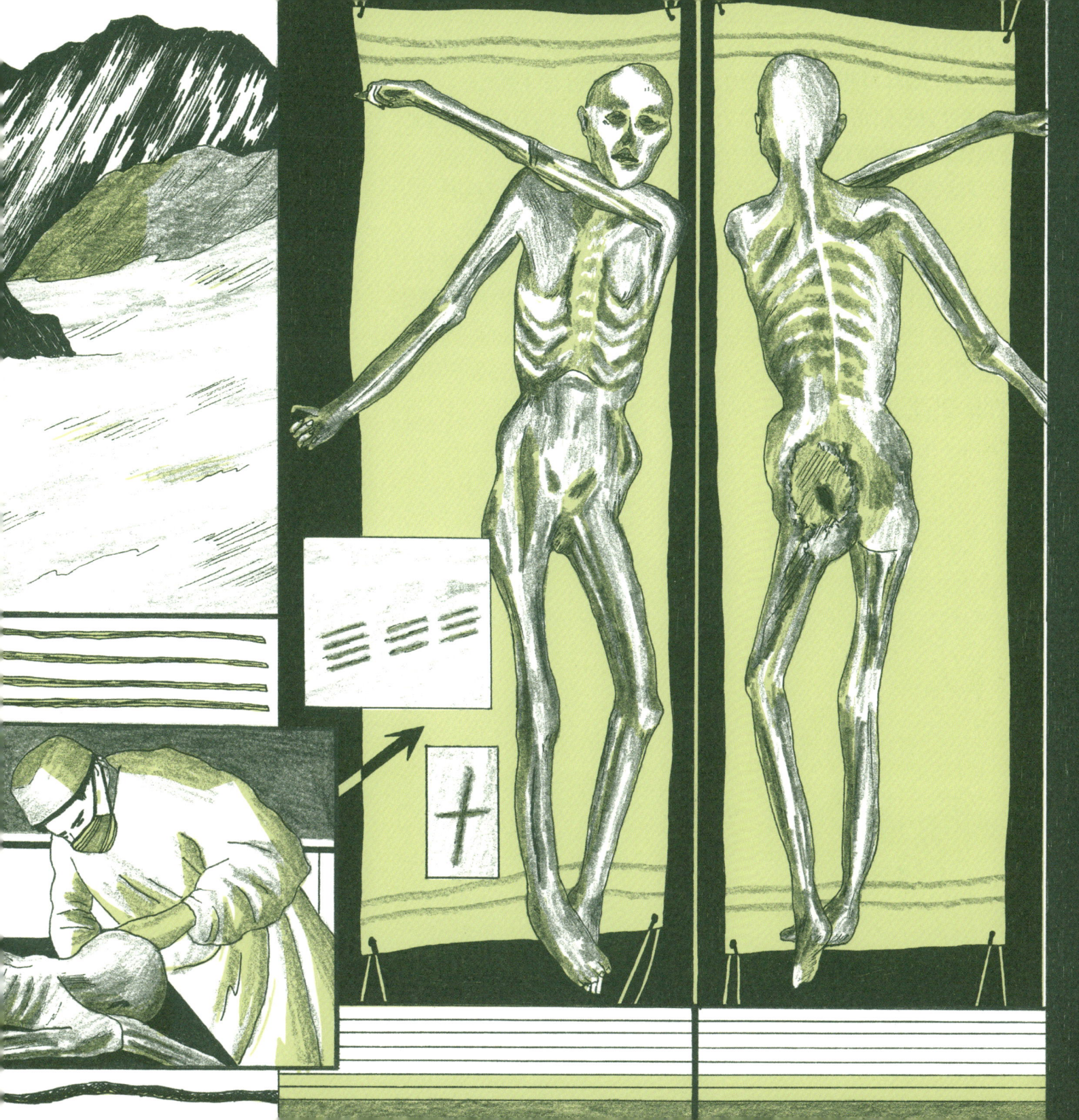

외치는 지금까지 알려진 가장 오래된 백인 환자예요. 그의 이름은 그가 1991년 외찰 알프스산맥에서 자연적 미라 상태로 발견되었기 때문에 붙여졌어요. 외치의 훌륭한 보존 상태와 당시의 연구 기술 덕분에 우리는 청동기시대 사람들의 건강 문제와 치료 방법에 대해 많은 정보를 얻을 수 있었어요. 외치는 약 54세 남성으로 기원전 3300년경 산에서 죽었고, 그의 몸에는 화살에 맞은 상처와 머리를 맞은 자국 등 부상의 흔적이 발견되었어요. 치아와 위장에 남아 있는 음식물로 그의 식생활을 짐작할 수 있었고, 머리카락의 화학적 분석 그리고 뼈와 관절 상태로 생활양식도 알 수 있었답니다. 장 속의 기생충, 해로운 위장 박테리아, 라임병(진드기로 인한 세균성 감염증) 흔적도 몸 안에 있었어요. 정말 놀라운 것은 몸에 있는 작은 문신들인데, 일부 전문가들은 그것이 오늘날 침술과 비슷한 의료적 시술이었을 것으로 생각해요. 외치가 가지고 있던 물건 중에는 상비약 같은 버섯도 있었어요.

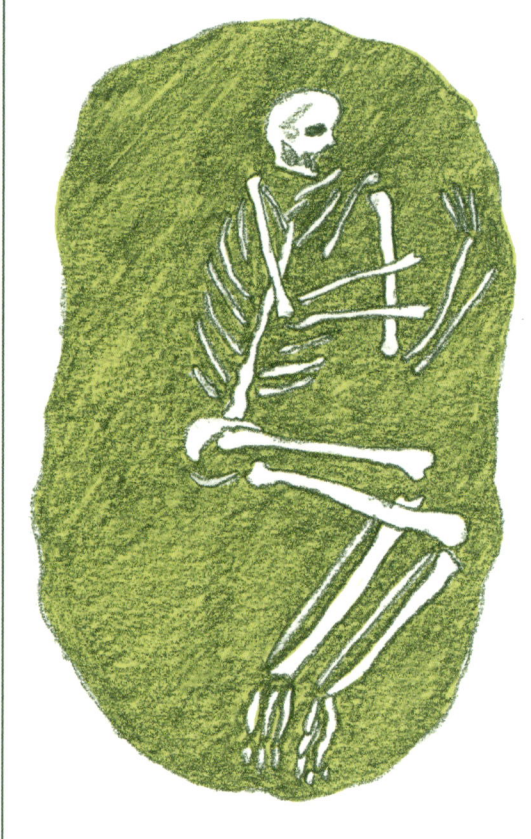

인류의 조상이 어떤 병을 앓았는지를 밝혀내는 일은 ← 고고학자들이 발굴한 유적을 조사하는 방법밖에 없답니다. ↑ 고생물병리학자들이 최첨단 의학 기술을 이용해서 유골이나 집단 매장지를 살펴보지요. 특히 의료 영상기술과 화학·생리학적 분석을 많이 활용합니다. 습지나 건랭한 지역에서 발견된 미라는 보존 상태가 좋아 일반 유골보다 더 많은 정보를 알려줍니다.

머리 깨진 월요일

매머드 사냥을 하며 살았던 선사시대 사람들은 무엇을 걱정했을까요?
인류가 진화하면서 질병과 치료법도 함께 진화했어요. 초기 석기시대 사람들의 유골에서는 충치, 마모된 관절, ↓골절이나 뼈의 염증 흔적을 쉽게 볼 수 있어요. 하지만 뼈를 제외한 다른 조직에 대한 질병을 조사할 수 있는 자료가 부족한 것이 현실이에요. 한편, 주술을 포함하여 선사시대 사람들이 사용했던 치유법은 오늘날 토착민들의 풍속 연구를 통해 밝혀지고 있어요.

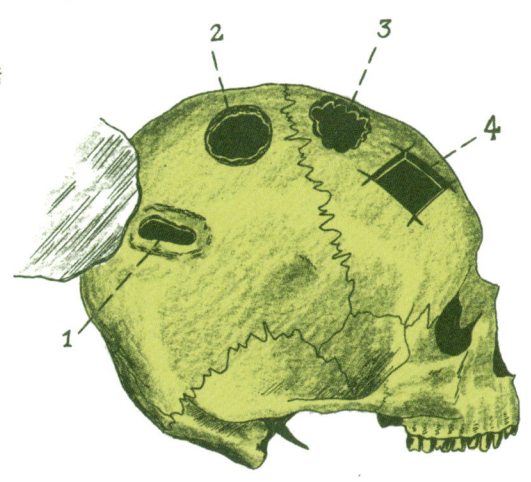

신석기시대에 농사를 짓기 시작하면서 사람들의 생활환경은 변했어요. 정착하여 집단을 이루고 가축을 키우는 생활양식, 그리고 식습관 변화는 새로운 위생과 건강 문제를 만들었어요. 과학자들은 이 시대 사람들의 유골을 연구하여 영양 부족, 암, 전염병 등의 흔적을 발견했고, 골절된 뼈를 지지대로 고정하거나 ↑천공 같은 의학적 치료 흔적도 찾아냈답니다.

드물게 남아 있는 혈거인(동굴에 살던 사람들)의 유골 중에는 ↑머리뼈에 구멍이 난 것이 있으며, 이를 바탕으로 고생물병리학자들은 몇 가지 질병과 당시에 사용했던 치료법을 밝혀냈어요. 인류는 초기 석기시대부터 염증이나 부상으로 인한 두통이 ↗천공(머리뼈를 긁어내거나 뚫는 것)으로 해소될 수 있다고 믿었어요. 잘 아문 천공 흔적은 선사시대 사람들이 마취 없이 수술을 했고, 수술 후에 나타난 염증에도 잘 대처했음을 보여줍니다.

머리 깨진 월요일

옛날에는 통증과 출혈, 감염의 위험 때문에 큰 수술을 할 수 없었어요. 선사시대의 천공, 중세시대 주술사의 치료, 근대의 외과 치료 등 조금씩 발전했지만 수술은 여전히 불가능했지요. 16세기 프랑스 외과 의사 ↓앙브루아즈 파레(Ambroise Paré)는 팔다리를 자르거나 ↓보철물을 시술하는 동안 혈관을 묶는 기술을 발전시켰지만 본격적인 수술은 진통제와 방부제가 개발된 19세기에 들어서며 가능해졌어요.

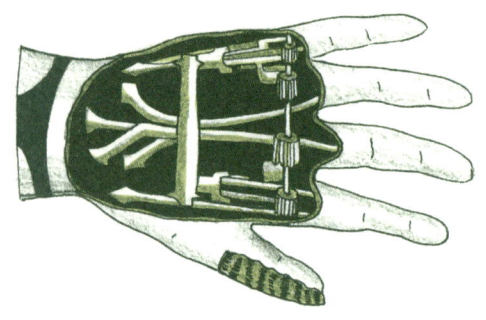

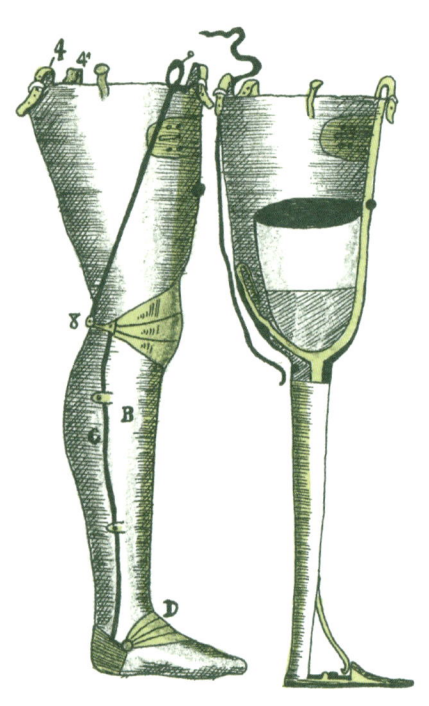

19세기 외과 의사들을 그린 그림들을 보면 보통 수술을 하고 있어요. 흰 가운을 입은 조수들에 둘러싸인 교수는 지금과 같은 첨단기기가 있는 수술실이 아닌 대학 강의실에서 환자를 수술하고, 검은색 옷을 입은 학생들이 이를 주의 깊게 관찰하고 있지요. 당시 유명한 외과 의사였던 테오도어 빌로스(Theodor Billroth)가 ↑위종양을 제거하는 모습도 이렇게 그려졌어요. 그는 동물에게 마취제와 소독제 실험을 여러 차례 한 후 1861년 비엔나에서 사람의 위종양 제거 수술을 했어요.

수술과 함께 나타나는 참을 수 없는 고통은 감각을 둔화시키는 마취제가 발명된 이후 비로소 해결되었어요. 1846년 미국 보스턴의 치과 의사 윌리엄 모튼(William Morton)은 종양 제거 수술에서 ↓에테르 가스 흡입을 통한 전신마취를 처음 사용했어요. 체코에서는 프라하 병원에서 셀레스틴 오피츠(Celestýn Opitz)가 시작했어요. 오늘날 의사들은 전신 마취나 다양한 부분 마취로 환자의 고통을 덜어줍니다.

머리 깨진 월요일

외과적 수술에서 발생할 수 있는 또 다른 위험인 세균 감염은 소독제 도입으로 극복되었어요. 이는 세균학이 발전하며 가능해졌어요. 페놀을 이용한 소독은 1867년 스코틀랜드 외과 의사 조셉 리스터(Joseph Lister)가 만들었어요. 그 후 몇십 년이 지나지 않아 치료나 수술에 사용하는 모든 것(기구, 붕대, 의료진의 손)을 → 멸균 하는 방법이 뒤따라 나왔어요.

← 1900년 즈음에 수술을 받기 위해 병원에 입원한 환자는 어떠했을까요? 페놀 냄새, 마취 마스크, 피 묻은 가운을 입은 의료진, 반짝반짝 빛나는 멸균 용기와 무섭게 생긴 금속 기구들. 돌주걱이나 약초 등이 널려 있는 선사시대 주술사의 방과는 다른 차원의 모습이었겠지만, 최첨단 기술로 만든 외과 기구와 기계, 각종 보조 시스템 등을 갖춘 지금의 수술실과도 매우 다른 모습이었을 겁니다.

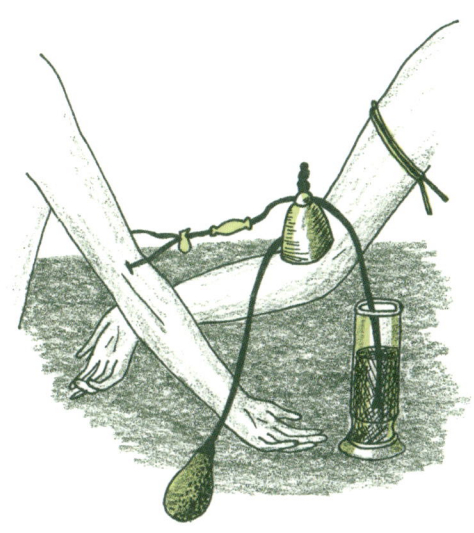

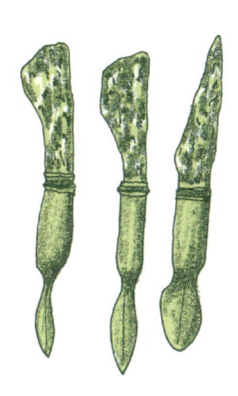 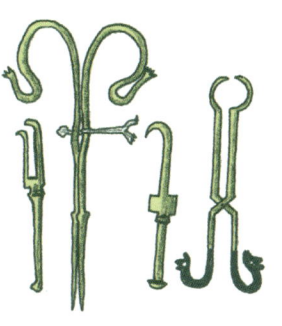

고대부터 현대까지 수술에 사용했던 도구들

상처나 수술로 인해 피가 부족한 환자에게 최초로 수혈을 한 것은 17세기였지만 좀처럼 성공하지 못했어요. 지금 우리가 안심하고 ↑ 수혈할 수 있는 것은 1901~1902년 → 카를 란트슈타이너(Karl Landsteiner)가 네 가지 혈액형 타입을 발견했기 때문이에요. 나중에 알에이취마이너스(Rh-) 타입이 추가되었답니다.

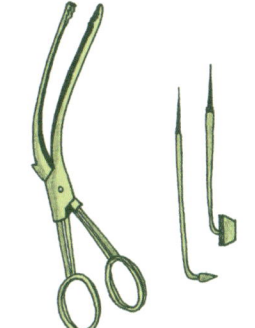 

머리 깨진 월요일 | 19

수술실에
너저분함이란 있을 수 없다.
티끌도, 가래도, 코딱지도 남기지 말자,
물론 과자부스러기도 안 되지.
과잉 청결이란
철저한 준비의 다른 말일 뿐.
의사 선생님이 오신다,
메스를 들어 일을 시작하자.

한 줌 올리브와 약간의 무화과
사랑의 기운을 마음껏 누리자
이른 아침 느긋한 산책
내 몸을 깨우는 가벼운 체조
걱정은 모두 날려버리고 친구들과 담소할까
좋아하는 책 한 권 뽑아 아무 페이지나 펼쳐볼까
따뜻한 목욕 뒤 촉촉한 오일 발라볼까
스트레스 없는 평화로운 하루하루
건강한 내일을 위하여!

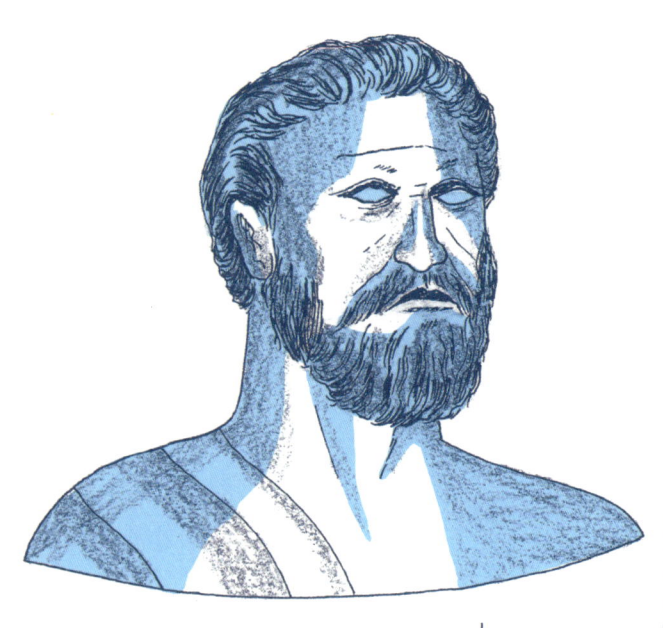

고대부터 18세기까지 '의학'이라는 단어를 떠올리면 히포크라테스가 등장합니다. ↑히포크라테스는 4~5세기 그리스 코스섬에 살았던 의사이자 철학자에요. 현대의 의사와 보건 전문가들은 아직도 〈히포크라테스 선서〉 중 많은 원칙을 지키고 있답니다.

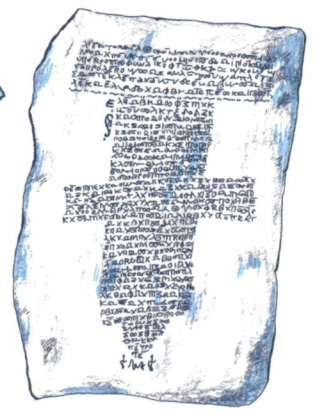

히포크라테스는 의학의 기본 윤리 항목들을 선서에 포함시켰어요. '최선을 다해 의술을 펼치며, 환자에게 해를 끼치지 않고, 누구에게도 극약을 주지 않는다. 그리고 낙태를 돕지 않고, 환자의 의료 비밀을 지킨다'라는 것이지요. ←〈히포크라테스 선서〉를 보면 당시의 의료직에 대한 정보, 고대 그리스 시대의 의료 분과, 그리고 의학의 기반이 되는 원칙이 무엇인지 알 수 있어요.

고대와 중세의 의학은 '체액병리학'에 바탕을 두었어요. 네 가지 체액이 균형을 이루어야 건강하다는 이론이지요. 네 가지 체액이란 혈액·황담즙·흑담즙·가래이며, 이들의 균형이 깨지면 병이 난다고 믿었어요. 따라서 치료 방법은 음료나 약물을 통해 부족한 체액을 보충하고, 너무 많은 체액은 땀을 흘리게 하거나 피를 뽑아 균형을 맞추는 것이었어요. 또 체액은 신체 장기, 자연 요소(불·물·바람·흙), 성질(따뜻함·축축함·메마름·차가움), ↑성격(쾌활·다혈질·우울·침착) 등과 연결되어 있다고 믿었답니다.

히포크라테스가 살았던 시대 의사들은 아폴로, 히기에이아, 아스클레피오스 등의 신들에게 경의를 표하고 수술은 하지 않겠다고 약속했어요. 중세와 근대 초기까지 외과 수술이 다른 종류의 기술로 취급된 것은 이런 이유 때문이에요. 그리고 낙태시키는 약을 금지했던 것으로 보아 당시에도 낙태가 있었음을 알 수 있어요.

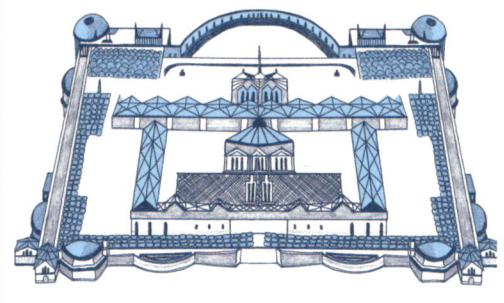

체액병리학 의사나 현대의 외과 의사, 혹은 경험 많은 조산사라도 고대 그리스와 로마제국의 의학적 치료법에서 크게 도움을 받지는 못할 거예요. 하지만 위생에 대한 규율, 약간의 약물 처방, 질병을 예방하는 건강한 식습관, ← 온천 에서 이루어지는 물리치료 등이 좋은 결과를 가져왔어요.

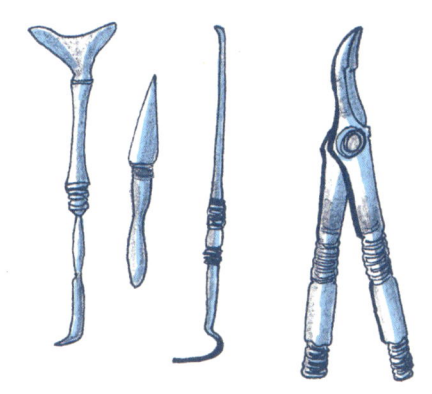

고대 코스섬에는 의료시설로 사용한 시설이 있었어요. 바로 치유의 신인 아스클레피오스를 모시는 → 아스클레피온 신전 이지요. 히포크라테스도 전통에 따라 이 병원의 플라타너스 나무 아래에서 환자를 진료했답니다. 환자들은 신전에서 휴식을 취하면 건강을 되찾을 수 있다는 믿음으로 찾아왔어요. 그들은 이러한 신비주의적 믿음과 좋은 날씨 속에 취하는 휴식 덕분에 실제로 의학적인 효과를 보기도 했어요.

수술하는 화요일

19세기에 제작한 프라하 카렐 대학교 의과대학 학장의 홀 윗부분.

18세기 말까지는 대학에서 교육을 받은 전문 의료인과 다른 보건 전문인(예를 들면 조산사나 외과 의사)을 구분했어요. 그러다가 19세기에 들어서며 외과 의사와 조산사가 담당했던 일이 의학 교육과정의 한 부분이 되었어요. 과학 이론뿐 아니라 실제 진료에서도 ↓의학은 전문적으로 세분화되었어요. 내과, 외과, 산과, 부인과 그리고 나중에는 눈·귀·피부병 전문, 아동 전문, 신경질환 전문 등으로 말이에요.

병을 치료하는 기술이나 방법은 오랫동안 발전하지 못했어요. 그러다가 19세기에 들어서며 직업으로서의 의사와 의료 조직, 의료 서비스 등 지금과 비슷한 체계를 갖추기 시작했지요. 의학이 점차 발전하며 양질의 교육을 받은 전문의들이 등장했고, 전문 기관에서 치료를 받는 환자들이 늘어남에 따라 의료인들의 수도 증가했어요. 그러면서 치료 성공률도 높아졌답니다.

19세기 말까지 의사는 남자만 될 수 있었고, 여자는 조산사나 ← 간호사 같은 보조 역할만 했어요. 그러다가 1900년경에 여성도 의과대학에 입학할 수 있게 되었고, 의사가 되어 환자를 돌볼 수 있게 되었어요.

30 　　수술하는 화요일

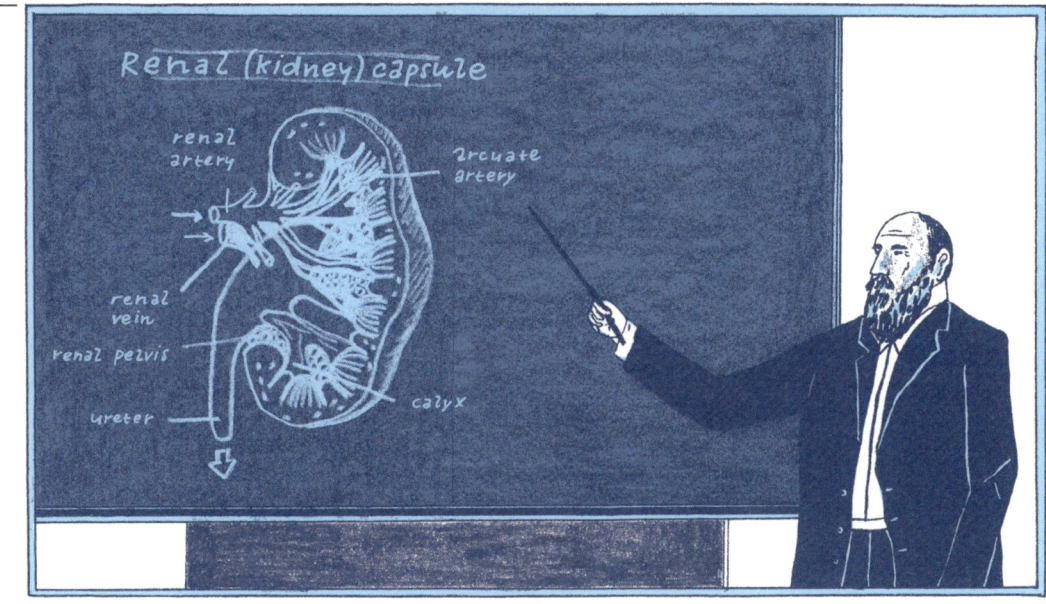

19세기 말에 이르자 내과 의사들은 개인 사무실이나 환자(보통 한 가족)의 집을 방문하여 진료했어요. 치과 같은 특정 분야의 의사들도 비슷한 방식으로 일했는데 나중에 모두 모여 함께 ↓진료하는 종합병원을 세우게 돼요. 1900년 전후에는 작고 전문화된 요양원뿐 아니라 여러 분야를 아우르는 대형병원도 등장했어요.

1900년경 중부 유럽의 대도시에서는 산책로나 파티장에서 높은 실크 모자를 쓴 신사를 심심찮게 볼 수 있었어요. 이들은 자기 분야의 전문가들이었지요. 이 중↑의대 교수들은 연구와 강의를 하면서 동시에 돈도 많이 버는 의사였어요. 환자들은 병원에서, 학생들은 강의실에서 이들을 만날 수 있었답니다.

19세기에 들어서며 의료서비스는 더욱 발전하여 더 많은 사람이 의료시설을 이용할 수 있게 되었어요. 그 배경에는 의사와 일반 병원의 증가 이외에도 국가 건강보험 시스템과 국제 적십자를 비롯한 많은 자원봉사단체가 있었어요. 체코의 경우 프로이센의 비스마르크(Bismarck) 재상이 국가 건강보험을 처음으로 설계하였고, 1863년 스위스의 앙리 뒤낭(Henri Dunant)은 ↓국제 적십자사를 설립했어요.

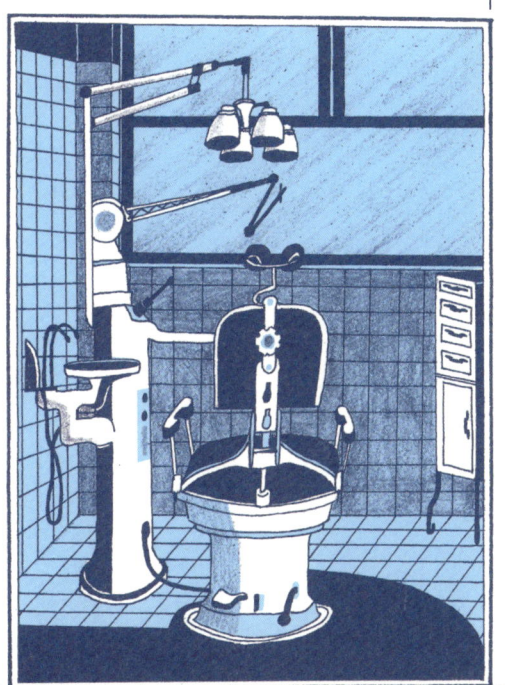

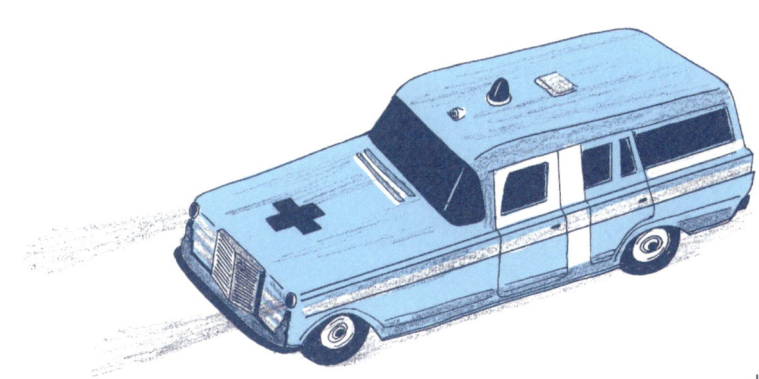

수출하는 화요일 | 31

한때는 커다란 방에 모든 환자를 모아놓고
진료했어요.
요즘에는 전문의들이 각자의 진료실에서
환자를 진찰하지요.
이제는 터진 맹장, 신경, 근육, 뼈 등을
치료하기가 훨씬 쉬워졌어요.
사소한 통증이나 상처는 말할 것도 없고요.
턱, 얼굴, 눈, 귀, 코, 발바닥, 발등…
이 정도면 거의 됐지요?

"잘 자! 밤새 벌레에 물려도 모를 정도로 푹 자렴."
"벌레에 물리기 싫어요. 물리면 아파요."
"걱정마. 옛날부터 재미있으라고 하는 말이야."
"왜 그런 말이 생겼어요?"
"옛날에는 집에 벼룩이 많아서 사람들이 많이 물렸거든. 이렇게 얘기하면서 벼룩이 없기를 바라는 거지."
"거 참, 이상하네요."
"이상하지만 그랬어. 벼룩에 물리면 온갖 위험한 병에 걸렸거든. 요즘에 진드기에 물려 라임병에 걸리는 것처럼."
"어떤 위험한 병이요?"
"페스트 같은 거."

덜덜덜, 두려움에 이가 떨려요
방방곡곡 어디서나 들리는 것 같아요
열이 올라 몸이 떨리고, 오슬오슬 추운가요?
당신에게도 천국의 길이 열리는 것 같군요

누가 대적할 수 있을까요?
겨드랑이가 볼록 부풀어 오르고
멍울이 딱딱하게 검어진다면
흑사병이 당신에게도 온 거예요

길에는 아무도 다니지 않고
여기서 나갈 길은 찾을 수 없지요
남자, 여자, 아이들 그 누구도
격리를 피할 수 없어요
아직도 살아있나요?
그럼 당신의 무덤을 직접 파 두어야 할걸요

페스트가 퍼진 마을들은 피폐해지고 흉흉했어요. 시신들을 한꺼번에 매장하거나, 신의 분노를 잠재우기 위해 종교행사도 하고, ← 고행자들은 악마를 쫓기 위해 자기 몸에 채찍질하기도 했지요. 또 희생양을 찾아 마녀사냥도 했어요. 이런 세계적 유행병은 18세기 초까지 유럽에서 계속되었고, 아시아와 북아메리카에는 지금도 가래톳 페스트가 발생한답니다.

14세기 중반, 유럽에서는 치명적인 질병인 페스트 때문에 많은 사람이 죽었어요. 처음에는 중앙아시아의 무역상이나 군대에 의해 육상으로 퍼졌지만 나중에는 지중해로 들어오는 배들을 통해서도 전파되었어요. 폭풍처럼 유럽 대륙 전체를 휩쓴 페스트는 특히 도시 지역에서 급속히 퍼졌어요. 빈곤과 오물로 쥐와 벼룩이 들끓었기 때문이지요. 페스트는 14~15세기에 가장 끔찍했다가 점점 발생 간격이 뜸해지고 피해도 줄어들었어요.

쥐벼룩에서 시작되는 페스트는 물린 곳의 피부가 까매지고 두통과 메스꺼움, 고열이 나타나요. 병이 진행되면 감염된 곳 주위에 가래톳(허벅지 안쪽이나 겨드랑이에 생기는 멍울)이 생겨 '가래톳 페스트'라고 부르기도 해요. 보통 며칠 안에 사망할 수 있고 특히 겨울에는 진행 속도가 빠른 페스트 종류가 공기를 타고 퍼진답니다. 높은 사망률과 검은 피부 때문에 흑사병이라고 부르기도 해요.

전염병을 막으려는 노력은 대체로 성공하지 못했어요. 공간을 폐쇄하고 감염된 사람을 격리했지만 효과가 없었지요. 마스크를 쓰거나 약초를 태워도 소용이 없었고, 일부러 피를 흘리거나 독하게 약을 섞어 마시는 것도 도움이 되지 않았어요. 최대한 빨리 → 멀리 도망가는 것이 유일한 해결책이었어요. 그러나 감염된 지역의 사람들이 안전한 곳을 찾아 떠남으로써 질병은 더 넓게 확산되었어요.

40 | 전염병 수요일

중세시대에는 페스트의 원인을 몰랐어요. 중세시대 의사들은 나쁜 공기 때문에, 불길한 별자리 때문에, 때로는 일부러 균을 퍼뜨리는 사람들 때문이라고 생각했어요. 그러면서 이 모든 것이 신의 분노 때문이라고 믿었어요. 그러다가 19세기에 들어서며 페스트균을 발견하고, 감염된 쥐의 피를 빤 벼룩을 통해 사람에게 전염된다는 사실을 알게 되었어요.

인구의 절반 이상이 죽은 나라도 있었지만, 사망률이라는 직접적인 결과 외에도 페스트는 삶의 다른 영역에도 영향을 미쳤어요. 시골뿐 아니라 도시의 일상생활이 거의 멈추었고, 정상으로 돌아오기까지는 오랜 시간이 걸렸어요. 유럽의 많은 광장에는 페스트 시대를 추모하는 ←기념비들이 세워져 있어요. 페스트가 끝난 것을 감사하거나, 또 다른 전염병으로부터 보호해 줄 것을 신에게 빌며 세운 것이지요.

전염병 수요일 | 41

로베르트 코흐 박사

18세기 초반에는 유럽에서 가래톳 페스트가 사라졌지만, 장티푸스, 콜레라, 결핵, 각종 독감 등 여전히 전염병의 피해가 컸어요. 특히 19세기의 콜레라와 20세기의 독감으로 페스트 때만큼 많은 사람이 죽었지요. 1918년 말에는 스페인 독감으로 죽은 사람이 제1차 세계대전으로 죽은 사람 수보다 많았답니다.

19세기 말에는 의학이 발달하여 많은 전염병의 원인이 밝혀졌어요. 많은 생물학자, 화학자, 의학자 등이 동시대 발명가들과 함께 근대사회의 영웅으로 떠올랐어요. 제임스 와트의 증기기관이나 토머스 에디슨의 백열전구처럼 ↑로베르트 코흐(Robert Koch)가 발견한 세균들이나 새로운 저온살균법 등은 근대의 상징이 되었어요.

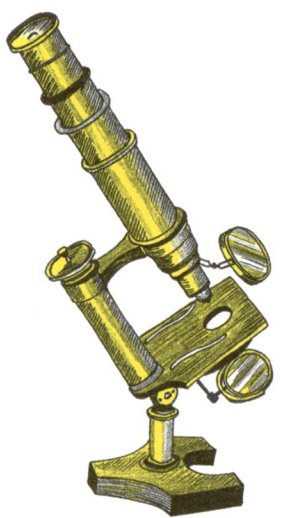

르네상스 시대부터 전염병의 원인이 눈에 보이지 않는 작은 생명체 때문이라고 생각하기 시작했어요. 이와 더불어 17세기에 ←현미경이 개발되며 최초로 미생물을 관찰할 수 있게 되었어요. 하지만 그것에 '박테리아'라는 이름을 처음 붙인 것은 1838년이랍니다.

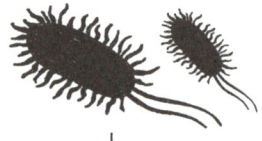
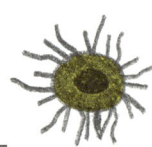

전염병 수요일

← 질병을 일으키는 박테리아 발견에는 성공했지만, 여전히 많은 의사는 세균이 해롭지 않다고 생각했어요. 오히려 환경 조건 같은 다른 요인이 전염병에 결정적 역할을 한다고 확신했어요. 그러나 한편에서는 미생물학에서의 새로운 발견을 믿고 세균 감염을 막기 위해 소독의 기본 원칙을 도입한 의사들도 있었어요.
영국의 리스터(Joseph Lister)는 외과 수술에서, 헝가리의 제멜바이스(Ignac Semmelweis)는 출산 과정에서 살균 소독을 시행했어요.

19세기 중반 프랑스의 ↓루이 파스퇴르(Louis Pasteur)가 박테리아 때문에 발효 작용이 일어나고, 이것이 많은 질병을 일으킨다는 사실을 발견했어요. 그의 연구로 1885년에 광견병 예방 백신을 개발할 수 있었어요. 또 독일의 로베르트 코흐는 탄저병, 결핵, 콜레라 등의 원인균을 발견했어요. 이후 의학미생물학에는 그의 이름을 딴 원칙이 생겼어요. '코흐의 원칙'은 특정 질병을 구체적인 미생물과 짝짓는 확인 방법이에요.

광견병 치료를 위해 파리에 온 러시아 농민과 그들을 구하는 루이 파스퇴르

그래도 병원균을 찾는 일은 → 백신, 혈청, 화학의약품, 자연항생제 등 적절한 치료약을 개발하는 것보다는 쉬웠어요. 전염병의 또 다른 원인인 바이러스는 실험실 기술이 발달한 20세기 중반 이후에 발견되었거든요. 간염이나 독감처럼 바이러스가 원인인 질병의 치료제인 항바이러스제 개발은 20세기 말에 처음으로 성공했어요.

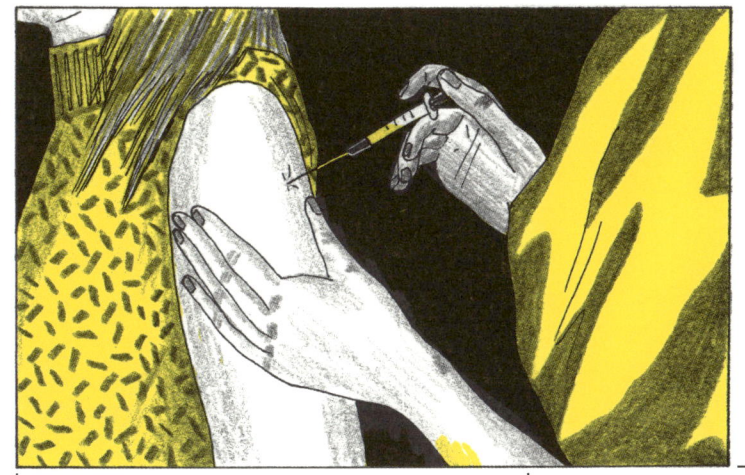

전염병 수요일 | 43

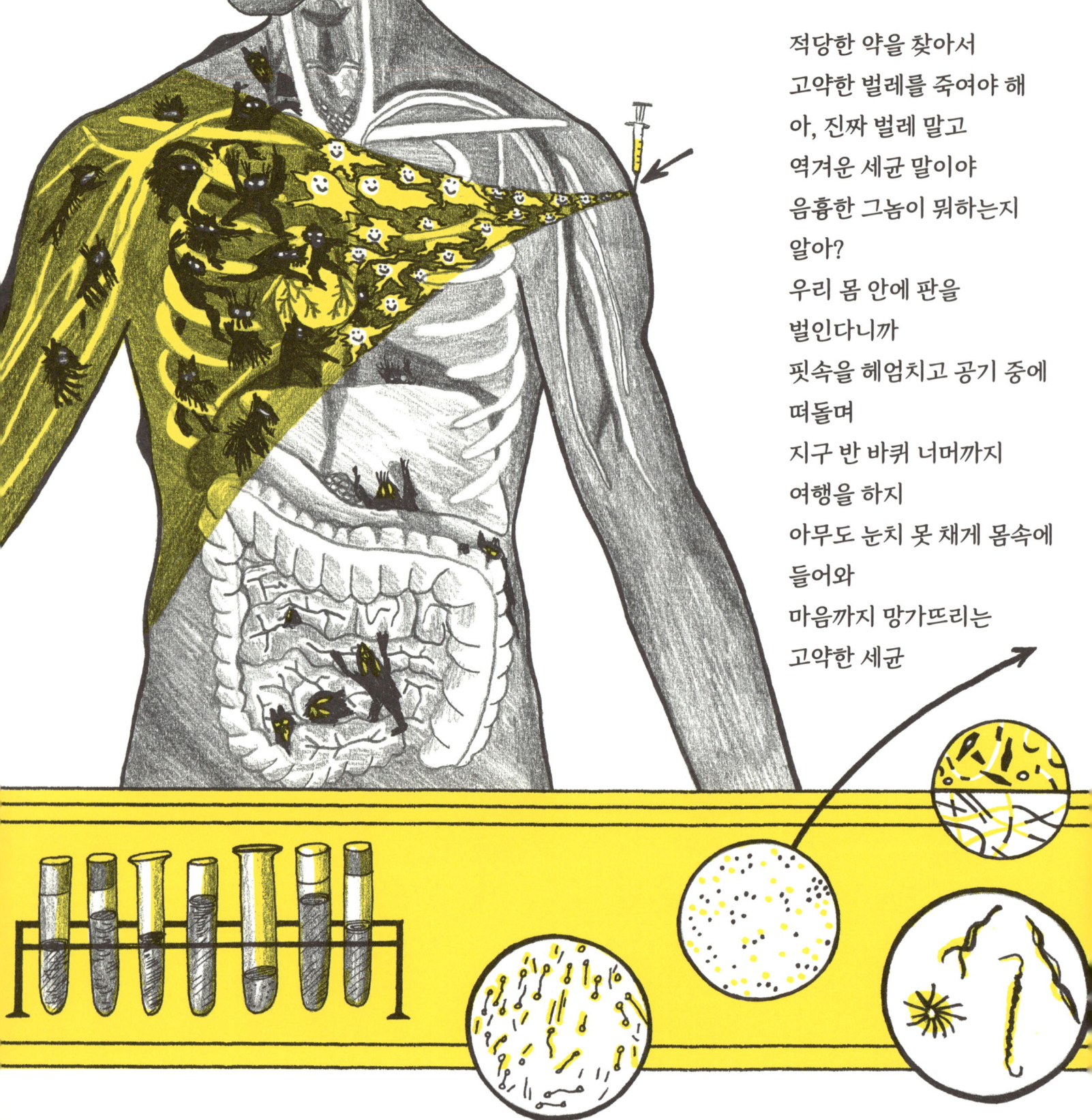

적당한 약을 찾아서
고약한 벌레를 죽여야 해
아, 진짜 벌레 말고
역겨운 세균 말이야
음흉한 그놈이 뭐하는지 알아?
우리 몸 안에 판을 벌인다니까
핏속을 헤엄치고 공기 중에 떠돌며
지구 반 바퀴 너머까지 여행을 하지
아무도 눈치 못 채게 몸속에 들어와
마음까지 망가뜨리는
고약한 세균

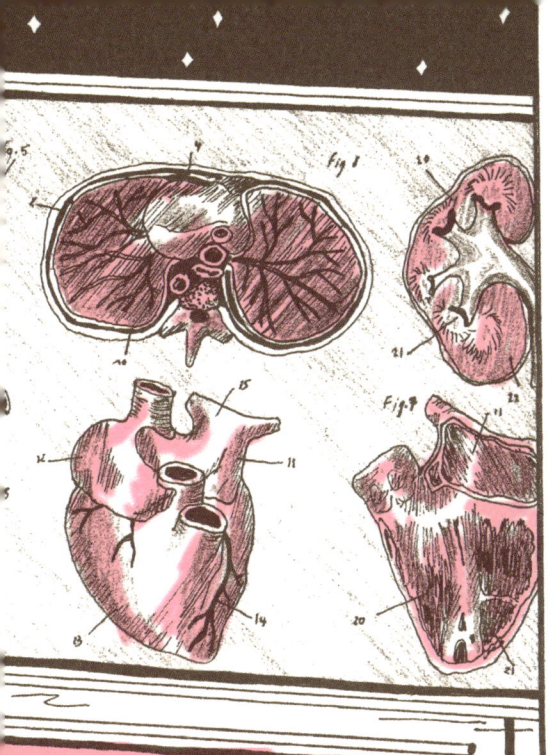

살아 움직이는 사람 몸 안에선
뭐가 문제인지 알 수 없어요
그렇지 않나요, 얀 예세니우스*!

피부 밑을 들춰보고
인대 사이를 갈라보고
뼈와 혈관 사이를 샅샅이 살펴야 알 수 있어요

당신도 기다리세요, 잠깐만요

*Jan Jessenius, 1600년경 최초로 인체 해부를 대중 앞에서 한 체코의 의사이자 정치가

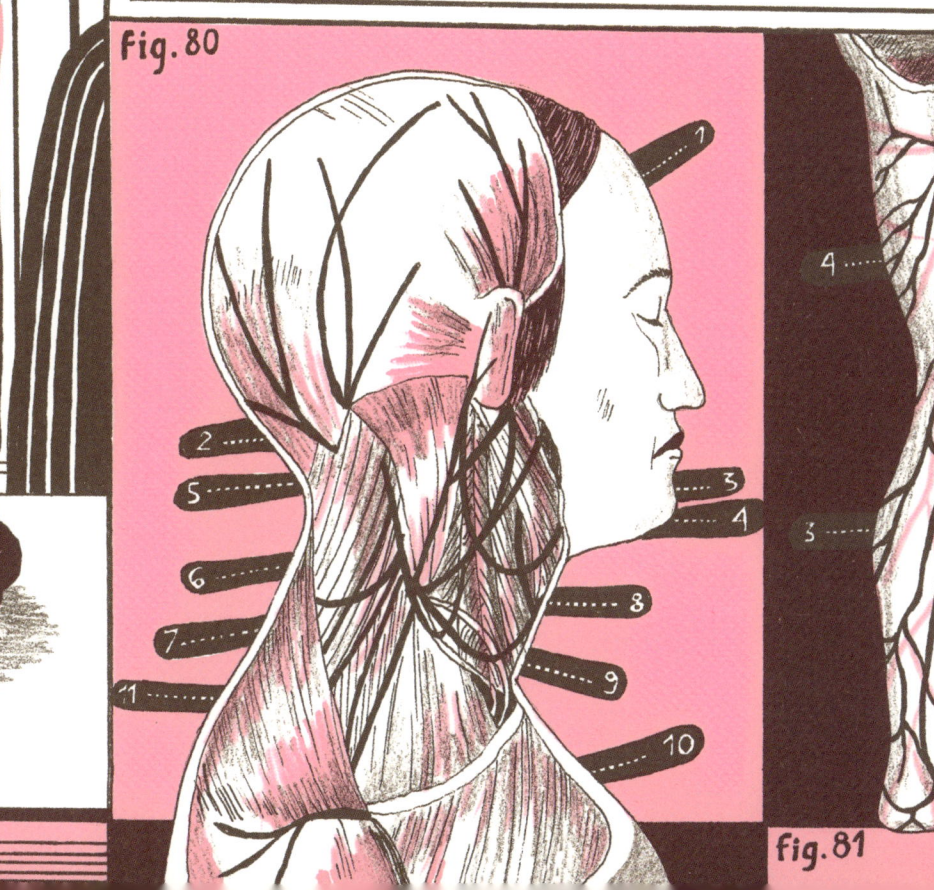

해부학은 의사들이 인체의 신비에 관심을 갖기 시작한 때부터 의학에서 중요한 분야로 자리 잡아왔어요. <mark>해부학자</mark>들은 뼈와 조직, 장기 같은 인체 구성물을 살펴보고(〈그림 A〉), <mark>생리학자</mark>들은 각 장기와 신체 체계(순환계, 호흡계, 신경계, 소화계)의 기능을 연구해요(〈그림 B〉). <mark>병리학자</mark>는 이런 장기와 체계가 잘못 기능하는지, 혹은 결함이나 질병이 있는지 살펴보지요(〈그림 C〉).

A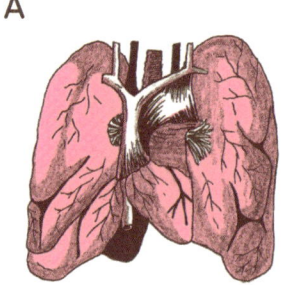
B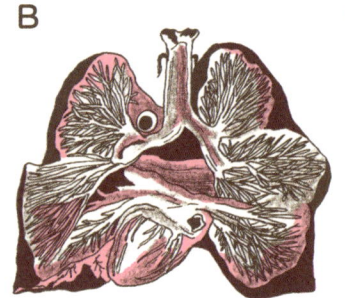
C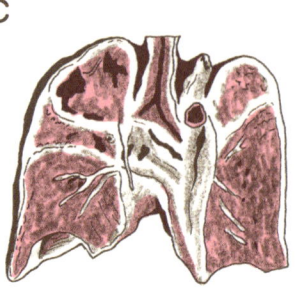

고대 의사들도 인체에 관해 기본적인 개념을 갖고 있었어요. 그 개념은 중세시대에 가끔 시행했던 (주로 동물) 해부로 더 확장되었고요. 해부학은 16세기에 이탈리아에서 시작되어 알프스 북쪽의 유럽으로 퍼져나가 네덜란드에서 가장 발전했어요.

르네상스 시대에는 ↓<mark>해부학이 대학교 교육과정의 일부</mark>가 되었지만, 일종의 대중 공연 같았어요. 외과 의사가 해부를 진행하는 동안 의과대학 교수가 그 과정을 설명해주었답니다.

해부·생리·병리에 관한 지식은 질병이나 신체 기능이 제대로 작동하지 않는 원인을 찾아내는 데 꼭 필요해요. 중세시대에는 신체가 어떻게 구성되어 있는지, 어떻게 기능하는지 잘 몰라서 진단 방법도 외부 관찰 또는 혈액이나 분비물(땀, 소변, 대변)의 부정확한 검사로 제한되었지요. 신비로운 인체의 문을 연 것은 르네상스 시대의 의사들이 시행한 인체 해부와 16세기 전쟁터에서 쌓은 외과 의술 덕분이었어요.

신체 해부 목요일

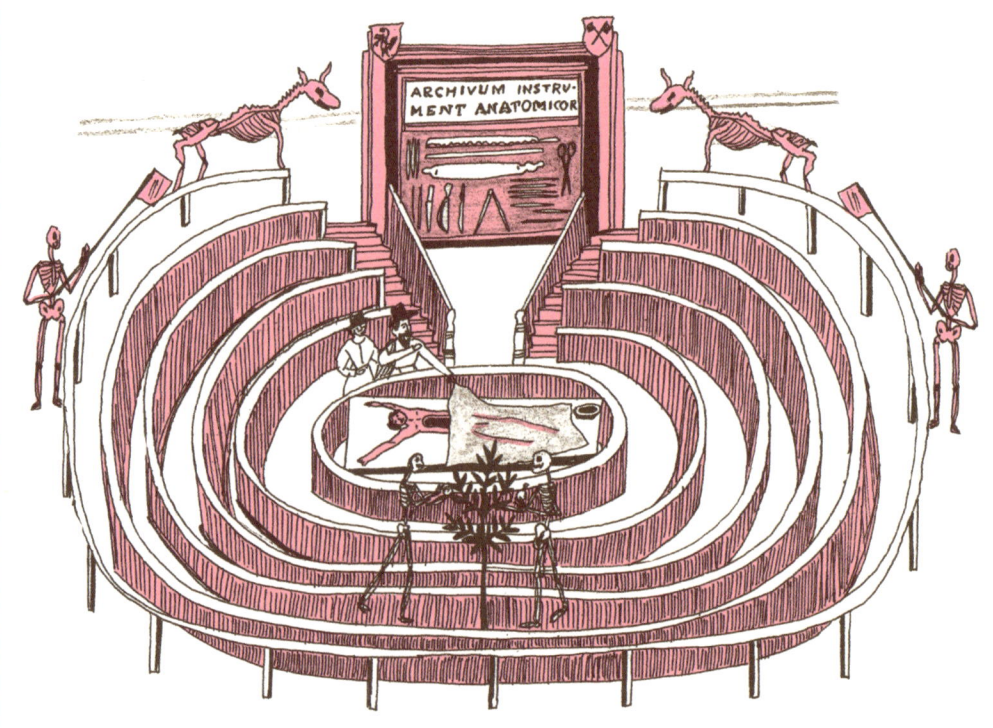

라이덴 해부학 극장

이탈리아 파도바 출신의 ↑**안드레아스 베살리우스**(Andreas Vesalius) 교수는 근대 해부학의 아버지라 불려요. 그는 수년간의 경험을 바탕으로 1543년 『사람 몸 구조에 관하여』(전7권)를 출간하였어요. 풍부한 그림이 곁들여진 이 책은 당시 널리 알려진 오류를 바로잡고 해부학자들에게 큰 영향을 미쳤어요. 그의 업적은 같은 해에 코페르니쿠스가 발표한 지동설만큼이나 중요하답니다.

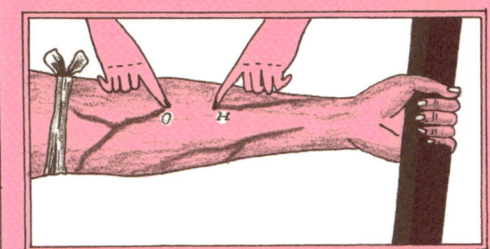

영국인 ↑**윌리엄 하비**(William Harvey)는 생리학의 토대를 만드는 데 큰 역할을 했어요. 혈액 순환에 관한 그의 실험은 의학 실험의 모범적인 공식으로 여겨졌지요. 그는 1628년에 심장을 혈관 구조의 중심 기관으로 보는 대순환계로 설명하고, 호흡기계, 정맥판 등 다른 부분들에 대한 연구도 발표하였답니다.

체코 프라하의 카렐 대학교는 케케묵은 해골귀신 이야기가 시작된 곳이에요. 17세기 중반에 생긴 의과대학에서 사체를 부검했기 때문이지요. 그런데 최초의 사체 부검은 1600년경 ↓**얀 예세니우스**가 대중의 구경거리로 했다고 알려져 있어요. 그는 처형된 죄수의 사체를 해부(당시에는 흔한 일이었어요)한 뒤 1년 후에 부검 보고서를 발표했어요. 훗날 예세니우스는 합스부르크 왕국에 대항하며 개신교 체코국가를 세우려는 반란에 참여했다가 사지가 찢기며 처형되었어요.

신체 해부 목요일 | 53

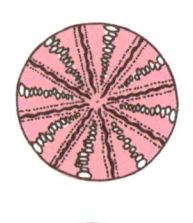 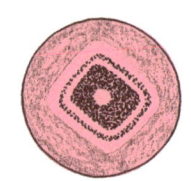

진단 방법과 기구 등이 개발되면서 신체의 구성과 기능에 대해서도 자세히 알 수 있게 되었어요. 신체 외부의 변화를 관찰하는 것에서, 신체 내부에서 나는 소리를 듣거나 맥박을 잴 수 있게 되었고, 청진기 검사, → 혈압계를 이용한 혈압 측정, 체온계 사용 등 계속 발전했지요. 요즘 실행하는 혈액과 소변의 생화학적 분석 이전에는 단순히 체액의 색, 농도, 때로는 맛을 관찰했답니다.

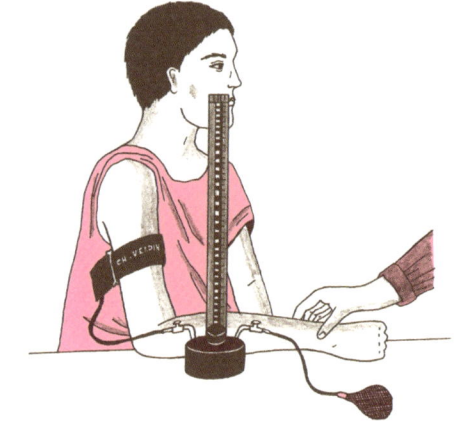

자연과학 특히 물리학에서의 발견과 발명들, 20세기 들어서며 이루어진 비약적인 발전의 결과는 의학적 진단과 치료에도 활용되었어요. 이제는 르네상스 시대의 해부학자들과 근대 외과 의사들이 쓰던 수술칼, 톱, 끌 대신 ↓ 눈에 보이지 않는 광선, 신체 내부의 원하는 부분만을 보여주거나 치료하는 전자파 등을 이용하는 경우가 많아졌답니다.

르네상스 이후 연구자들은 신체에 대해 더 깊이 연구하기 시작했어요. 18세기부터 병리학자들은 죽은 환자를 해부하고 공식적인 사망진단을 내렸고, 19세기에는 신체 조직을 분석하는 ↑ 조직학이 유행했어요.
20세기 전반기에는 세포를 연구하는 수준으로 질병 검사를 하기 시작했고, 후반기에는 유전 정보를 전달하는 DNA이중나선 등 분자를 연구하는 수준까지 도달했어요.

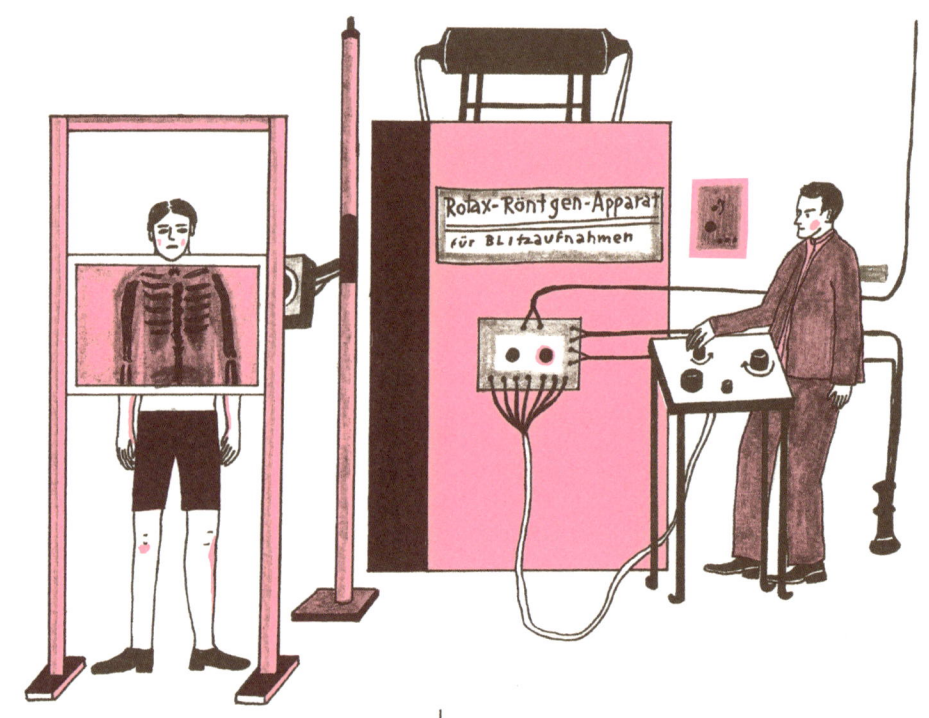

초음파 검사는 1940년대부터 여러 의학 분야에 사용되었는데, 특히 임산부처럼 X-레이가 해로운 환자에게 사용했어요. 컴퓨터 단층촬영(CT)은 X-레이 영상을 여러 겹으로 겹쳐 인체 내부의 이미지를 3차원으로 만들어 보여주지요. ↓ 자기공명영상(MRI)은 1970년대부터 개발되었고, 이것을 발명한 사람들은 2003년에 노벨상을 받았어요. 1960년대 이후 레이저나 감마선 칼 등 여러 종류의 전자기 방사선이 수많은 분야에서 치료에 활용되고 있답니다.

심장이나 뇌의 활동을 측정하는 진단 방법은 X-레이와는 다른 물리적 원칙을 바탕으로 해요. 일찍이 1902년에 발명된 심전계 기록(EKG)은 신체 겉면에서 심장 활동을 관찰하고 기록할 수 있어요. ↑ 뇌전도 검사(EEG)는 환자의 머리에 붙인 전극을 이용하여 비슷한 원리로 두뇌 활동을 관찰하고 기록하지요. 이 방법은 1924년 독일에서 처음 사용되었어요.

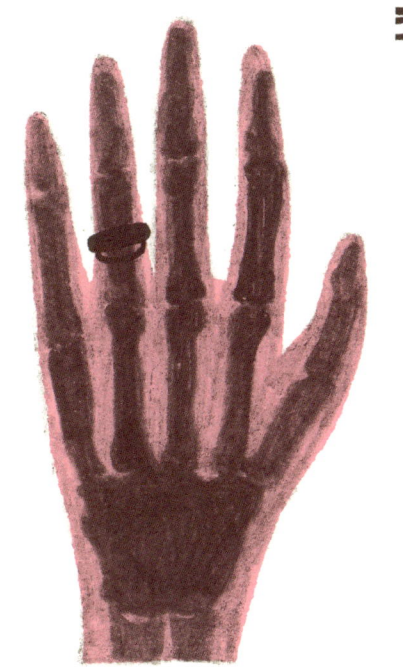

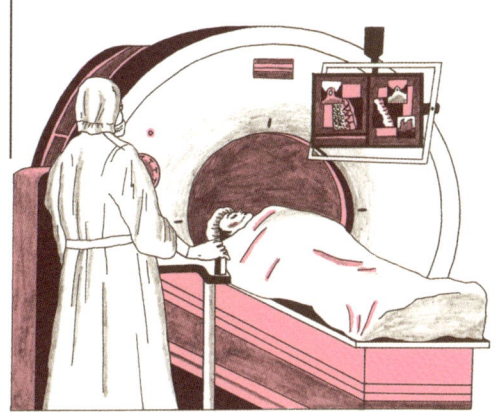

독일의 물리학자인 ↑ 빌헬름 뢴트겐 (Wilhelm Röntgen, 1845~1923)의 이름은 의학 발명품 중 가장 널리 알려진 것 중 하나인 뢴트겐(X-레이)이 되었어요. 그는 살아있는 물질을 포함한 모든 고체를 통과할 수 있는 새로운 종류의 방사선을 발견하여 1895년에 발표했어요. 이어 수많은 실험을 거치며 의학적 진단과 치료에 방사선을 이용하게 되었답니다. 뢴트겐은 이 업적으로 1901년 노벨상을 받았어요.

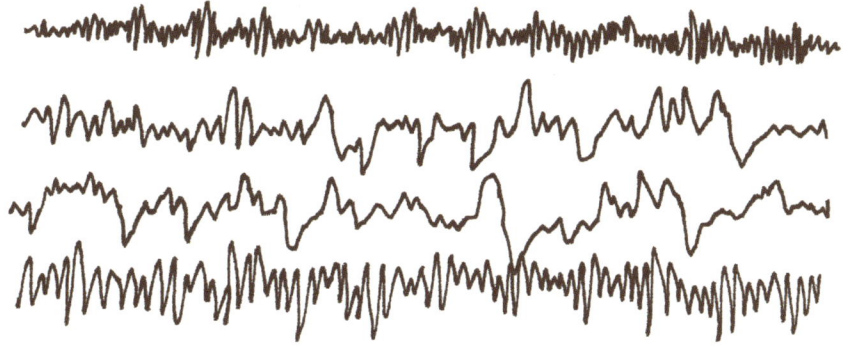

신체 해부 목요일

독극물 중독 금요일

Potion
FRIDAY

약초는 쉽게 자라요
마법의 힘이 필요치 않죠

깨끗한 숟가락, 둥그런 플라스크,
저울이 필요해요
그리고 뛰어난 직감으로 마무리하죠
자, 용기를 내서 시도해봐요

하지만 얼마만큼 써야 하죠?
딱 맞는 양을 정하기 쉽지 않아요
약초와 독초를 알아내는 데
몇백 년이나 걸린 걸요

인간은 고대부터 식물이 지닌 치유의 힘을 이용했어요. 중세에는 약초에 대한 지식이 절정에 이르렀고요. 야생에서 약용식물을 채취하던 약초꾼들도 있었지만, 대부분 수녀와 수도사가 수도원 정원에서 약초를 키웠답니다. 그중 일부 사람들, 예를 들면 ↓힐데가르트 폰 빙엔(Hildegard von Bingen)은 약초의 효능을 이론적으로 연구하여 식물표본집을 남겼어요. 이것은 르네상스 시대의 유명한 식물표본집들의 본보기가 되었어요.

17세기 초에 등장한 약재가 잘 갖춰진 약재상들은 오늘날의 약국과 같은 역할을 했어요. 약을 만드는 약제사들은 약사, 상인, 환자를 치료하는 치료사, 때로는 새로운 약을 만드는 신약 개발자이기도 했어요. 그래서 약재상은 지금의 화학실험실이나 연금술사의 작업실과 비슷한 경우가 많았답니다.

약재상 중앙에 있는 계산대는 약국의 심장이라 할 수 있었어요. 보통 계산대를 '타라'라고 부르는데 그 주위에는 빼곡히 적힌 ↑설명을 몸통에 붙인 채 한 줄로 늘어선 작은 병들이 서랍, 저울, 그리고 약재를 파는 데 필요한 각종 기구들이 화려하게 장식된 선반들에 놓여 있어요. 이곳에서 약제사가 환자에게 약을 건네며 복용 방법을 알려주지요. 여러 사람이 드나들었던 마을의 약재상은 만남의 장소였고, 정보를 나누는 곳이기도 했어요.

독극물 중독 금요일

"용의 비늘, 늑대의 이빨, 마녀의 미라, 상어의 위장과 식도, 독미나리 뿌리…."
셰익스피어의 희곡 〈맥베스〉에서 ↑마녀가 끓이는 묘약에는 당시 약국에서 흔히 쓰이던 재료들이 들어가요. 약재상들은 그 지역에서 나거나 외국에서 들여온 식물과 동물, 그리고 광물까지 사용하였고, 이 중에는 종종 냄새와 맛이 고약한 것들도 있었어요. 이것들을 의학적으로 어떻게 사용하는지는 경험이나 실험을 통해 알게 되었지만 화학 성분까지는 몰랐답니다.

시대나 예술 양식에 따라 약통의 모양은 다르지만 필요할 때 곧바로 사용하도록 약이 항상 담겨 있었어요. 기구, 반창고, 기본 의약품 등이 잘 갖추어진 의료가방은 18세기 초에 등장했고, 지금은 어느 병원에서나 볼 수 있는 유리로 된 약장은 19세기에 나타났지요. 부자들은 여행할 때 ←휴대용 의약품 상자를 가지고 다녔어요.

독극물 중독 금요일 | 65

약초 수집 약용 제품 제조 약품 판매

19세기 후반이 되어서야 생화학자들과 약리학자들이 다양한 약물의 개별 성분과 화학 성분을 알아내어 약품을 제조할 수 있게 되었어요. 가장 오래되고 널리 알려진 합성 약물인 아세틸살리실산(acetylsalicylic acid)은 1851년에 합성되었으며, 이 물질로 만든 약품은 여러 이름으로 판매되고 있어요. 1899년부터 판매되고 있는 아스피린은 진통해열제와 염증해소제로 사용되고 있답니다.

경험을 바탕으로 약을 제조하고 사용하다가 19세기 들어서며 약리학이 시작되었어요. 약리학은 약품의 내용물, 효과, 사용 등에 관한 과학이에요. 약리학의 세부 영역은 연구소 또는 실험실에서의 실험부터 각종 질병에 쓰일 약물의 대량생산, 약국 체인을 통한 유통, 거기에 수반되는 광고까지 그 범위가 매우 넓어요.

약은 화학 성분이나 제품명에 따라 분류될 수 있어요. 즉, 원료나 성분, 또는 ↓치료하는 병이나 질환 등으로 종류가 나뉘져요. 항생제와 항바이러스제는 감염병에 효과적이고, 정신과 의사는 항우울제나 향정신성 약품을 사용하여 환자들을 치료하죠. 또 세포독성제는 항암 치료에 사용하고, 항말라리아제는 말라리아를 예방하고 치료하며, 항매독제는 성병을 치료해요. 한편, 아스피린같이 사용 범위가 넓은 약품들도 많아요.

화학자 케쿨레(Kekulé, 1829~1896)는 꿈에서 영감을 받아 ↑벤젠 분자구조 모델을 만들었어요. 벤젠은 많은 의약품 제조에 중요한 원료랍니다.

독극물 중독 금요일

1928년에 영국의 미생물학자 ↑알렉산더 플레밍(Alexander Fleming, 1881~1955)은 포도상구균을 키우려던 배양 접시에서 곰팡이가 자라는 것을 보고 박테리아를 죽이는 곰팡이가 있는 것을 알게 되었어요. 그는 이 발견을 이용하여 항생제를 최초로 개발했어요. 곰팡이에서 분리된 물질(페니실린)은 영국에서 시험을 거치고, 미국에서 대량 생산되어 제2차 세계대전 때 ↓많은 생명을 구했어요. 이 발견으로 플레밍은 1945년 노벨상을 수상했어요.

약리학에서는 예부터 내려오는 자연적 약물(예를 들면 말라리아에 쓰는 키니네)과 미생물학자들이 개발한 약물(예를 들어 페니실린) 이외에 다른 종류가 있어요. 화학적으로 제조된 아스피린, 그리고 술폰아미드에서 만든 항생제, 부족한 호르몬을 보충해주는 호르몬제 등이에요. 당뇨병에 처방하는 ↓인슐린은 1922년 밴팅(F. G. Banting)이 처음으로 사용한 호르몬제이며, 피임에도 호르몬제를 이용해요. →비타민 또한 약으로 보충할 수 있는데, 이에 대한 연구는 20세기 초반부터 시작되었어요.

20세기에 들어서며 기술 발달과 작업 분업화로 생산방식에 커다란 변화가 나타났어요. 헨리 포드가 고안한 콘베이어 방식의 포드시스템이지요. 이런 방식으로 약품이 대량 생산되자, 제약산업은 연구개발에 점점 더 비중을 두게 되었어요. 프라그너(B. Fragner) 같은 체코의 제약회사들도 20세기 전반기부터 약품을 생산·판매하면서 신약 개발에 참여하고 있어요.

독극물 중독 금요일 | 67

정신 이상 토요일

LOONY SATURDAY

가만 놔두세요
자신의 상자 안에 웅크린 사람인걸요

모든 게 머릿속에서 일어나고 있어요
폭풍우 같은 혼돈이에요

정신 차리지 않으면
어디까지 갈지 몰라요

흔들리는 눈동자
횡설수설 하는 말
마음을 진정시킬 약이 필요해요

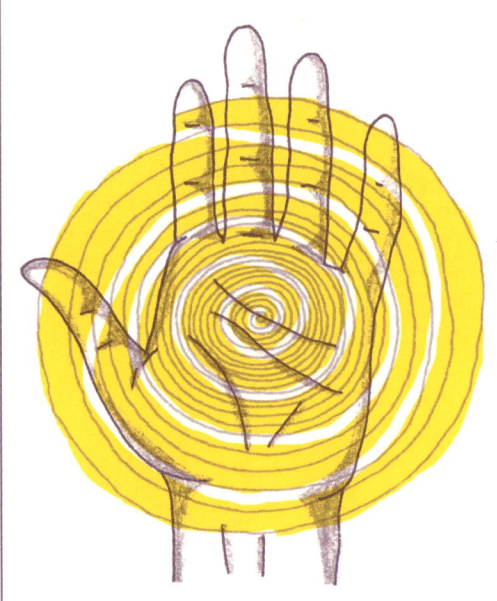

태초부터 인간은 하늘과 땅, 몸과 마음, 정상과 비정상 사이에 있는 모호한 경계에 매료되었어요. 마법, 종교, 철학, 예술, 그리고 의학 등은 이 영역을 포착하여 설명하려고 노력하지요. 이때 초현실적인 또는 비합리적인 힘이 다양한 현상과 연관되기도 하지요. 집단 히스테리, 마녀사냥, 근대 초기에 있었던 우신예찬(우매한 신을 찬양하는 것), 그리고 많은 치료법이 오늘날 시점에서 보면 터무니없어 보여요.

질병이 유행할 때나 이를 치료할 때 신이 결정적인 역할을 한다는 믿음은 의학 관련 역사를 살펴보면 쉽게 찾을 수 있어요. 이집트인들은 최초의 의사인 임호텝(Imhotep)을 기리는 신전으로 순례를 했으며, 그리스인들은 아스클레피온 신전을 찾아갔어요. 기독교인들도 신이나 각각의 질병과 관계있는 성자들에게 도움을 청했지요. 중세시대와 바로크시대에는 질병을 피하려는 순례가 넘쳐났고, 질병으로부터 마을을 지켜준 신에게 감사를 표한 기념물도 많답니다. '기적적으로 치유된' 사람들은 감사하는 마음으로 ↓<mark>자신의 신체 일부를 바치기도</mark> 했어요.

악마나 마녀의 사악한 힘에서 나오는 흑마술이 병을 일으킨다고 생각했기에 마법도 질병을 치료하는 방법이라고 생각했어요. 그래서 주술이나 부적, ↑<mark>성스러운 옷</mark> 같은 보호 장치는 나쁜 마법을 물리친다고 믿었어요. 이런 주술들은 오래된 민간요법으로 널리 퍼졌고, 나중에는 토속신앙이나 기독교적 요소와도 결합되었어요. 치유사들 중에는 주술과 현명함(예를 들어 약초에 대한 지식)을 두루 갖춘 사람이 항상 있었답니다.

정신 이상 토요일

중세에 그려진 〈바보들의 배〉라는 그림을 보고 '당시에 정신병자를 이렇게 다루었구나' 하고 생각하는 사람들도 있겠지만, 사실은 세계의 광기를 우화적으로 표현한 것이랍니다. 에라스뮈스의 『우신예찬』 또한 당시 사람들을 풍자한 작품이지요. 옛날에는 정신병자 같은 터무니없는 행동을 어릿광대 등 특별한 사람에게, 또는 ↑카니발과 같은 특별한 행사 때 허용하여 사회적 균형을 유지했어요.

고대와 중세의 치유자들이 사용하던 여러 기술이 지금은 비합리적이고, 효과가 없으며, 심지어 해롭다고 여겨져요. 그때는 신성한 힘과 천체가 사람들의 건강과 질병에 영향을 미친다고 생각했고, 일반 의사, 외과 의사, 약초꾼뿐 아니라 해부학에 능통한 사형집행인이나 대장장이까지 치유 능력이 있다고 보았거든요. 피를 계속 흘리게 하는 치료나 ←거머리를 이용한 치료, 기상천외한 재료로 만든 혼합물과 묘약을 사용해도 아무도 놀라지 않았답니다.
당시의 기준으로 설명할 수 없거나 정말로 정신질환에서 비롯된 극단적인 행동들을 보면 '미쳤다'고 하지요. 이들을 치료하는 의사들 중에는 ↑프랑켄슈타인이나 지킬 박사처럼 정신이 이상한 박사들도 소설의 주인공으로 자주 등장했어요. '정신이상'과 범죄의 경계선도 애매할 때가 많아요. 나치의 '하얀 가운 입은 살인자들(나치 시대에 정신질환자들을 대량 학살한 의사들)'은 의학적 관점에서 분석 대상이에요. 그들의 행동이 개인적인 의도에서 비롯되었는지 아니면 집단적인 정신질환인지는 따져보아야 해요.

정신 이상 토요일

비정상적인 행동을 보는 시각도 시대에 따라 변했어요. 19세기부터는 단순히 '미친 것'이 아닌 질병으로 보기 시작했지요. 다른 의학 분야처럼 정신의학도 1900년경에 체계를 갖추기 시작했어요. 의사들이 정신병자들을 단순히 격리하기보다는 환각, 우울증, 신경증, 정신병, 치매 등 정신질환의 생물학적 원인을 어떻게 과학적으로 분류할지 연구하기 시작한 거예요. 그리고 진료실, 정신병원, 신경증 요양원 등에서 전문적인 도움을 주기 시작했어요.

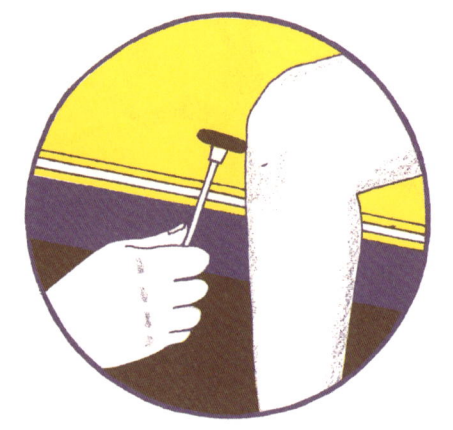

정신의학과는 조현병, 치매 같은 뇌 질환이나, 정신장애로 생기는 지각, 정서, 사고, 행동 변화 등의 원인을 찾아 치료하는 의학 분야예요. ← 신경학이나 신경외과 관련 학문은 신경 체계의 다양한 부분에서 발생하는 질병과 장애를 치료하는 것이 목적이에요. 여기서 뇌는 신경 체계의 중추예요. 생물학과 사회과학이 만나는 영역인 심리학은 건강한 사람과 문제가 있는 사람 모두의 행동을 다루며, 심리치료는 이런 문제를 바로잡는 것이 목표랍니다.

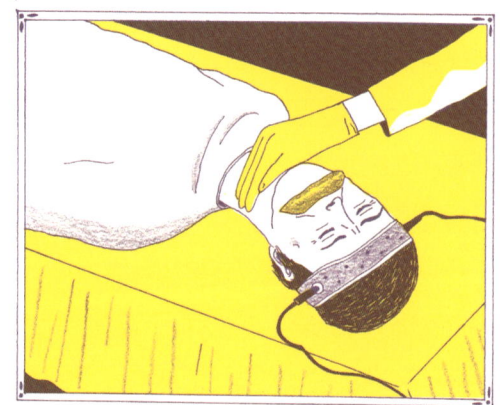

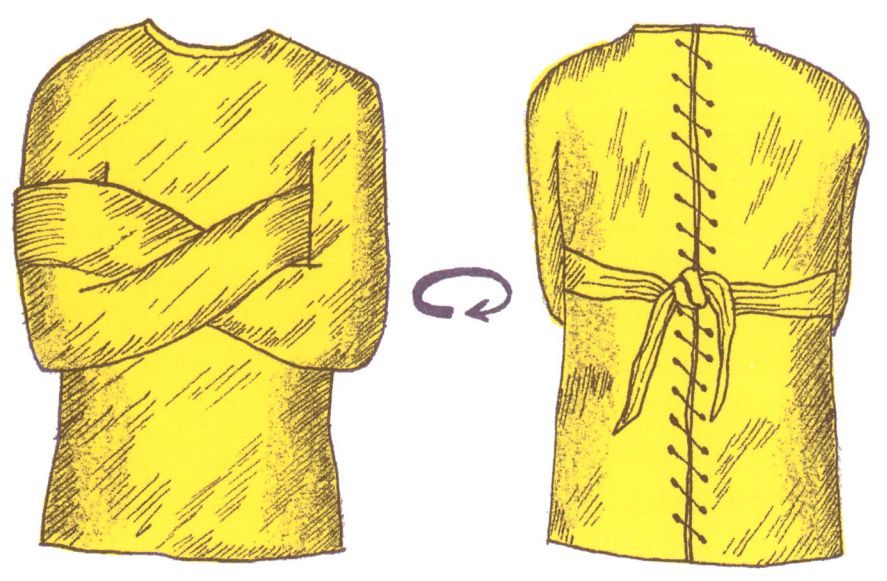

폭력적인 환자를 침대에 묶거나 ← 구속복을 입혀 감금했던 19세기와는 많이 변했지만, 20세기에도 극단적인 조치들은 있었어요. 이러한 조치들이 취해지는 기준, 다시 말해 정상적·비정상적인 사고와 행동의 중심에는 뇌가 있습니다. 근대 문학이나 영화에는 ↑전기충격을 받고 경련을 일으키는 사람들이나 뇌 신경이 잘려 고통받는 환자들의 모습이 많이 등장해요.

정신 이상 토요일

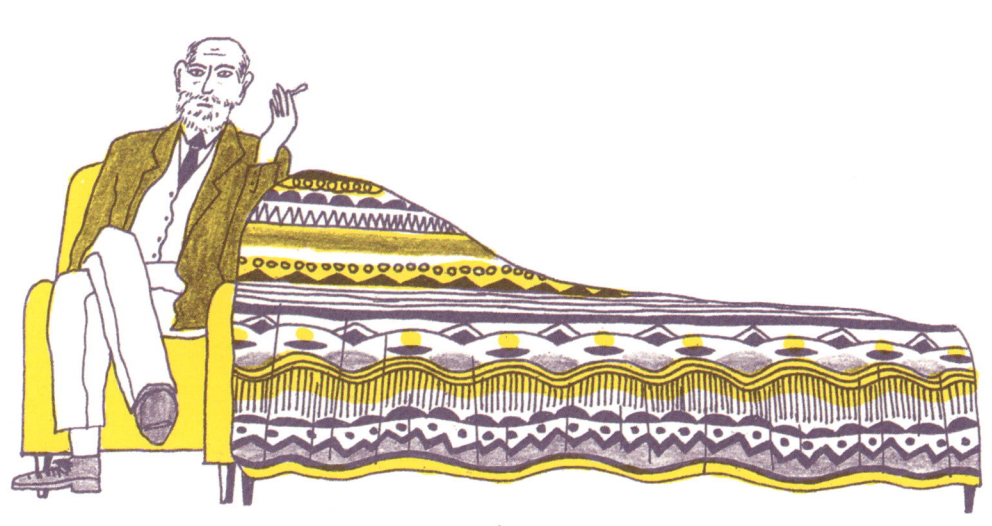

지그문트 프로이트(Sigmund Freud, 1856~1939)가 1900년에 발표한 『꿈의 해석』은 인간의 마음을 검사하고 치료하는 데 전환점이 되었어요. 오스트리아 모라비아에서 태어난 ↑프로이트는 정신분석이라는 새로운 정신치료 분야의 기초를 닦았어요. 정신분석은 개인의 기억 속에 있는 정신적 문제의 원인을 들여다보고 그것을 극복하는 데 사용하는 기법들이에요. 이런 기억들은 보통 성(性)과 연결되어 있으며, 무의식 깊이 자리 잡고 있기에 자유연상 등의 기법을 사용하여 정신분석가가 끄집어낼 수 있다고 합니다.

어린이와 청소년 관련 '기능장애'는 인간의 마음을 연구하는 전문가들이 관심을 두는 또 다른 분야예요. 자폐나 아스퍼거 증후군처럼 다른 사람과 관계를 맺는 데 어려움을 느끼는 문제는 1940년대부터 이미 논의되었어요. 음식을 먹지 못하는 거식증은 1970년대 말부터 대중의 주의를 끌기 시작했지요. 요즘은 학습장애와 행동장애도 난독증, 필기장애, 과잉행동장애 등에서 오는 뇌의 문제라고 진단해요. 중독학은 ↓약물 남용을 연구하는 분야예요. 노년기에는 기억 손상과 인지기능 퇴화 증상을 보이는 치매 환자가 많고, 그중 가장 큰 원인은 알츠하이머라고 알려진 퇴행성 뇌 손상이랍니다. 알츠하이머는 1906년에 이 병을 최초로 기록한 의사입니다.

정신장애를 다룬다고 해서 극적인 방법만 쓰는 것은 아니에요. ←최면은 1870년대에 샤르코(J. M. Charcot)가 전환신경증의 원인을 추적하면서 널리 쓰이게 되었어요. 1950년대 이후부터 사용되고 있는 약물들도 다양한 문제에 전환점을 주었어요. 불안이나 사회적 공포증을 치료하는 데는 집단치료가 매우 효과적이랍니다.

정신 이상 토요일

물집 잡힌 일요일

Blister Sunday

"엄마, 온 몸이 가려워요!"
"잠깐! 긁지 마. 왜 그럴까? 알레르기가 아니면 좋겠는데…."
"지난주에 애니도 물집이 생겼는데 지금은 나았대요."
"그래? 그럼 홍역이나 수두일 수도 있겠네. 애니 엄마에게 전화해봐야겠다."
"수두가 뭐예요?"
"천연두처럼 심하지는 않은 거야. 요즘은 모든 아이가 천연두 예방주사를 맞지만, 옛날에는 천연두에 걸려 죽는 사람도 많았거든. 만약 수두라면 베이비파우더를 많이 준비해야겠다."

아프길 바라는 사람은 아무도 없어
병 걸리면 치료하면 된다고?
처음부터 아프지 말아야 해!

병균을 피할 수 없으면 어떻게 하지?
뭐라고 했더라? 백신이라고?
잘 모르겠어, 그게 뭐야?

앓긴 하지만 심하게 아픈 건 아니라고!
살짝 아프고 튼튼한 항체를 얻는 거구나

현대에도 전염병이 있어요. 20세기에 발견된 에이즈나 2019년에 시작된 코로나가 그렇지요. 18세기에는 천연두가 가장 심한 전염병이었어요. 강한 전염력과 사망률이 높은 천연두는 남녀노소, 부자와 가난한 사람을 가리지 않았어요. 증상도 심한 고열, 구토, 통증 등을 동반하고, 생존자에게 ↑끔찍한 흉터를 남겨요. 18세기에 의사들이 천연두 백신을 개발했지만, 이 바이러스의 근원이 밝혀진 것은 20세기가 되어서랍니다.

18세기 전반기에 인두 접종이 튀르키예에서 유럽으로 전해졌어요. 인두 접종은 감염을 막기 위해 천연두 환자의 고름을 이용하는 것이에요. 당시 합스부르크 왕국의 여제였던 마리아 테레지아의 자녀들도 인두 접종을 했어요. 이 위험한 방법은 영국의 ↑에드워드 제너 (Edward Jenner, 1748~1826)가 개발한 백신으로 다행히 사라졌어요. 제너는 젖소의 젖을 짜는 사람들 중 가벼운 우두(소에게 나타나는 바이러스성 전염병의 일종으로, 피부 특히 젖소의 유두, 유방에 발진과 수포가 생김)를 앓았던 사람들은 천연두에 걸리지 않는 것을 보고 1796년에 백신을 발표했어요.

'소'를 뜻하는 라틴어 바카(vacca)에서 이름을 따온 백신 접종(vaccination)은 안전하고 믿을 만했기 때문에 빠른 속도로 퍼졌어요. 일부 의사들은 이 새로운 접종법을 열렬히 환영했지만, 끔찍하게 싫어하는 사람들도 있었어요. 해박한 지식을 갖춘 현명한 귀족들이 앞장서서 자식들에게 백신을 접종하면서 천연두 백신은 널리 확산했고, 사망률 감소에 큰 역할을 했답니다.

면역 물질을 주입하는 ↑예방접종에는 다양한 방법이 있어요. 제너가 살던 시대에는 접종받는 사람에게 작은 상처를 낸 뒤 면역 물질을 묻혀 넣었어요. 요즘은 대개 따끔한 주사를 떠올리지만, 소아마비 백신은 물약처럼 숟가락으로 떠먹기도 했어요. 어떤 경우에는 예방접종 후에 일시적 혹은 장기적인 부작용을 겪기도 해요.

의학의 역사는 종종 목숨을 빼앗는 위험한 적에 맞선 용감한 의사들의 싸움으로 묘사되곤 해요. 아직 해결되지 않은 상황이 조금 남아있지만, 전 세계에서 천연두를 몰아낸 것은 현대 의학의 진정한 승리 중 하나라 할 수 있어요. 1967년까지도 1500만 명 이상의 사람들이 천연두를 앓았지만, ↑세계보건기구(WHO)의 노력 덕분에 1980년경에는 아프리카에 있던 감염의 온상들이 진정되었답니다.

인간의 삶은 증기기관, 핵폭탄, 휴대전화 같은 대단한 발명품들의 영향만 받는 것이 아니에요. 주사기 같은 작은 발명도 우리의 삶에 영향을 미치지요. 주사기는 의사, 간호사, 때로는 환자들도 사용하여 백신이나 인슐린처럼 효능 있는 물질을 투여하지요. 최초의 주사기 시험은 17세기에 있었지만, 19세기 후반 특히 주삿바늘을 소독하기 시작한 후에야 주사기 사용이 안전해졌어요.
↓주사기는 간호사들이 혈액을 채취하는 데 사용하지만, 종종 마약중독자들도 사용해요.

물집 잡힌 일요일

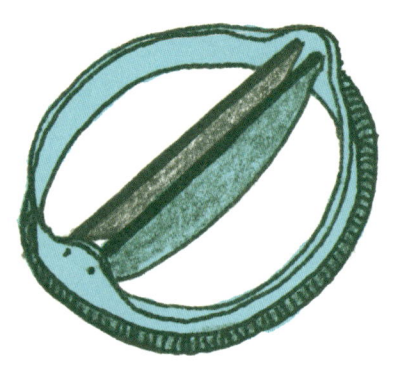

예방접종이란, 어떤 면에서는 생물체인 우리 몸을 침범하는 것이에요. 현대 의학은 이보다 훨씬 더 심하게 인간의 몸을 바꾸어놓아요. 팔다리 보조기구를 사용한 지는 오래되었고, 지난 50년 동안 몸속 부분들도 성공적으로 대체하기 시작했답니다. 수술 중 심장과 폐 역할을 하는 심폐기를 이용한다든지, 신장이 기능하지 못할 때 혈액투석기를 사용하는 등 장기 기능까지 대신할 수 있게 되었어요. 현대 의학의 정점은 이식을 통해 손상된 장기를 바꾸는 것이에요. 이것은 재생기술과 유전공학의 도움으로 가능하답니다.

16세기 이후에는 전쟁으로 인한 부상자들을 치료하면서 손상된 팔다리를 대신하는 인공팔다리를 만드는 기술이 계속 발전했어요. 현대 외과술에서는 그 밖에도 여러 종류의 방법으로 손상된 신체를 대체하고 있어요. 예를 들어 → 인공관절을 비롯한 다양한 관내삽입물이 있고, 정형외과에서 사용하는 로봇 인공팔다리, 흉부외과의 가슴보형물이 있지요. 인공심장판막과 심장박동조율기 (1958년 스웨덴에서 최초로 삽입)는 심장박동수를 조절할 수 있어요.

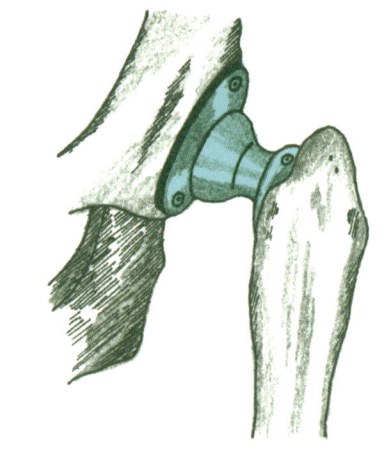

기능하지 못하는 장기 중 어떤 것들은 이식받을 수 있지만, 어떤 것들은 커다란 장치가 필요하기도 해요. 분만 예정일보다 일찍 태어난 아기들을 돌보는 인큐베이터는 19세기 말에 개발되었어요. 20세기 중반 소아마비 예방접종이 시작되기 전에는 다리가 마비된 많은 환자가 ↓ '철로 만든 폐'라는 기계에 들어가 치료를 받고 살아났어요.
1943년 최초의 인공신장이 사용된 이후, 신장이 손상되었을 때 투석 장치를 사용하여 혈액을 청소하는 것은 이제 보편화되었지요.

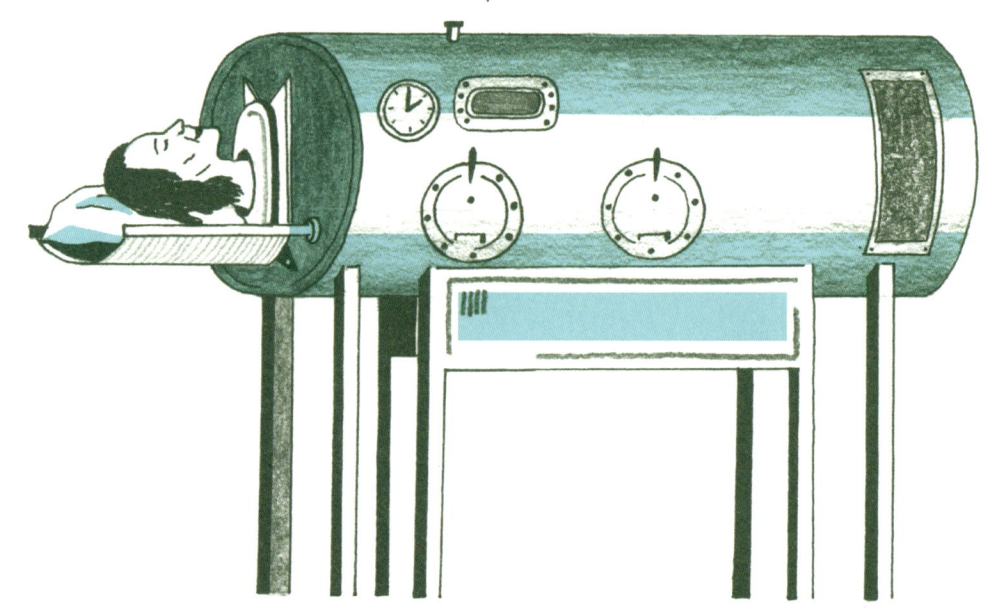

과학 발전으로 인해 인체 치료는 불임 치료 분야에서 세포를 다루는 수준까지 이르렀어요. 여러 이유로 자연 임신이 어려운 경우, 생물학자와 의사들은 남성의 정자와 여성의 난자를 실험실에서 결합하여, 새 생명을 엄마의 몸속에 집어넣을 수 있어요. 그러면 엄마는 뱃속에서 아기를 키우고 자연적인 출산을 하지요. 최초의 ↓시험관 아기는 1978년 독일에서 태어났어요.

주요 장기 중 하나인 심장은 고대부터 의사들의 관심을 받았어요. 그래서 의학에서는 최초의 심장이식을 새 시대가 시작된 것으로 생각해요. 장기이식은 사망자의 건강한 장기를 병든 장기를 가진 환자에게 옮기는 거예요. 최초의 심장이식은 1967년에 남아프리카공화국의 심장외과 의사인 ↑크리스티안 버나드(Christiaan Barnard, 1922~2001)가 집도했어요. 심장이식을 받은 최초의 환자는 비록 18일밖에 살지 못했지만, 이후에는 좀 더 성공적이었고 면역학의 발전과 함께 오늘날 시행되는 많은 장기이식의 길을 열어주었답니다.

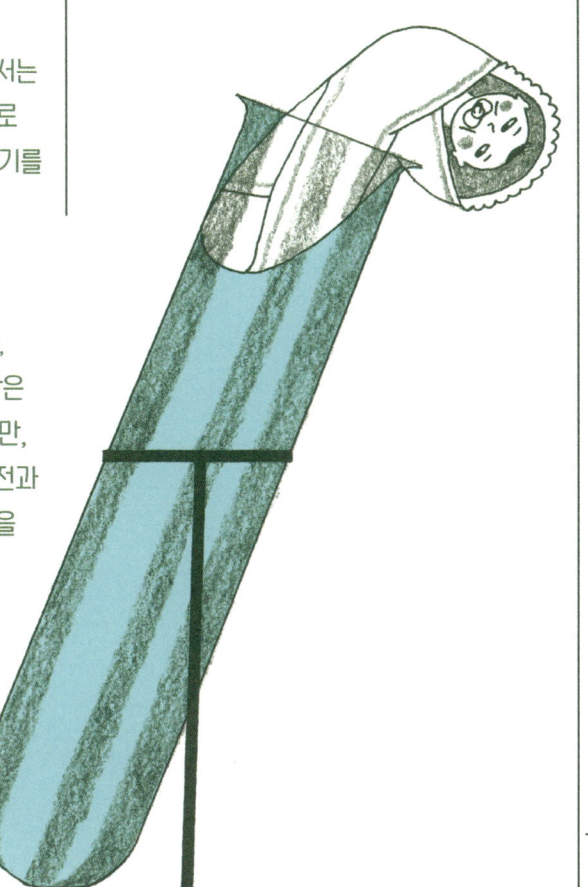

살아있는 유기체의 유전자 비밀은 지난 150년 동안 서서히 밝혀지고 있어요. 유전학의 기본 원칙은 1865년에 체코의 브루노에 살던 ↑멘델(Mendel, 1822~1884)이 실험 끝에 발표했어요. 유전자 정보를 가지고 있는 DNA 구조는 1953년에 프란시스 크릭(Francis Crick)과 제임스 왓슨(James Watson)이라는 생물학자들이 밝혀냈어요. 오늘날 유전자 연구는 유전자 풀(gene pool)을 변형하고 조작하는 유전공학의 시작단계에 이르렀답니다.

물집 잡힌 일요일

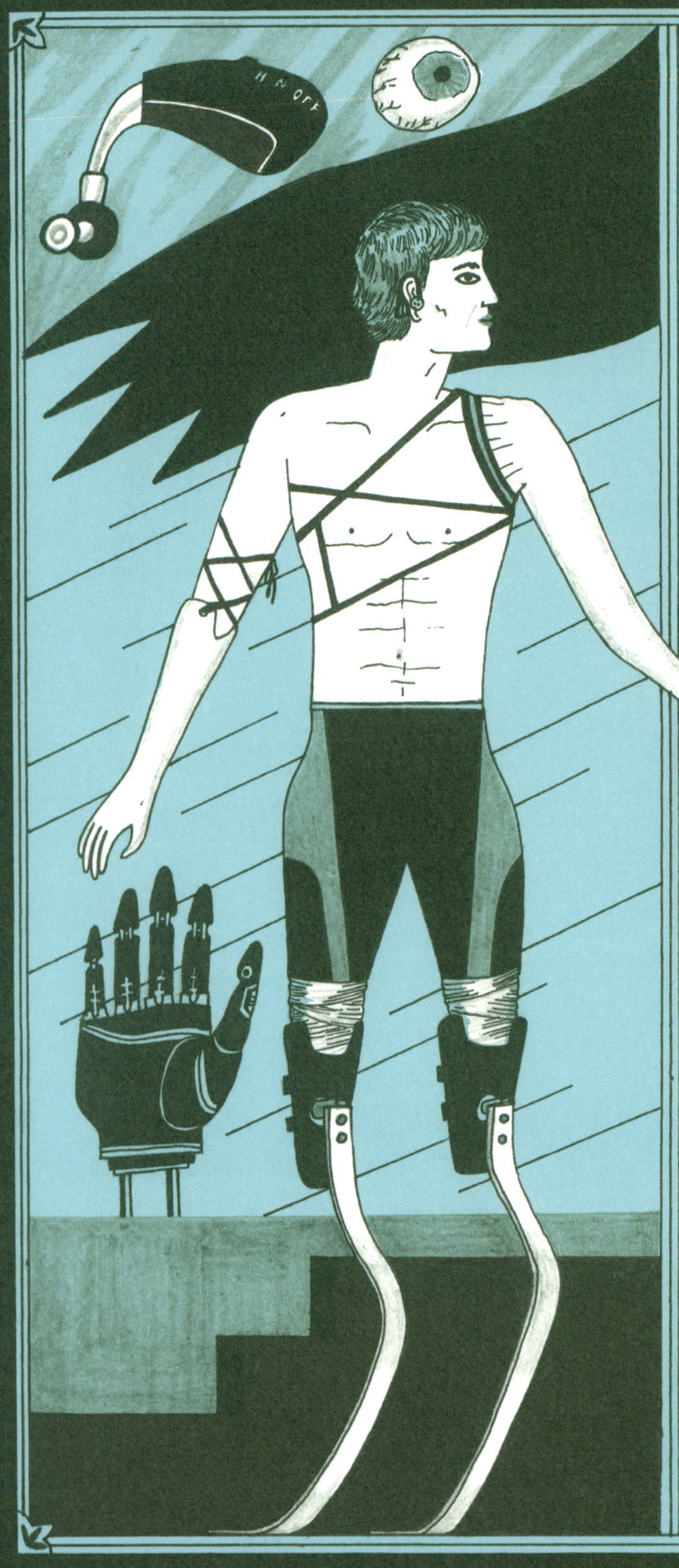

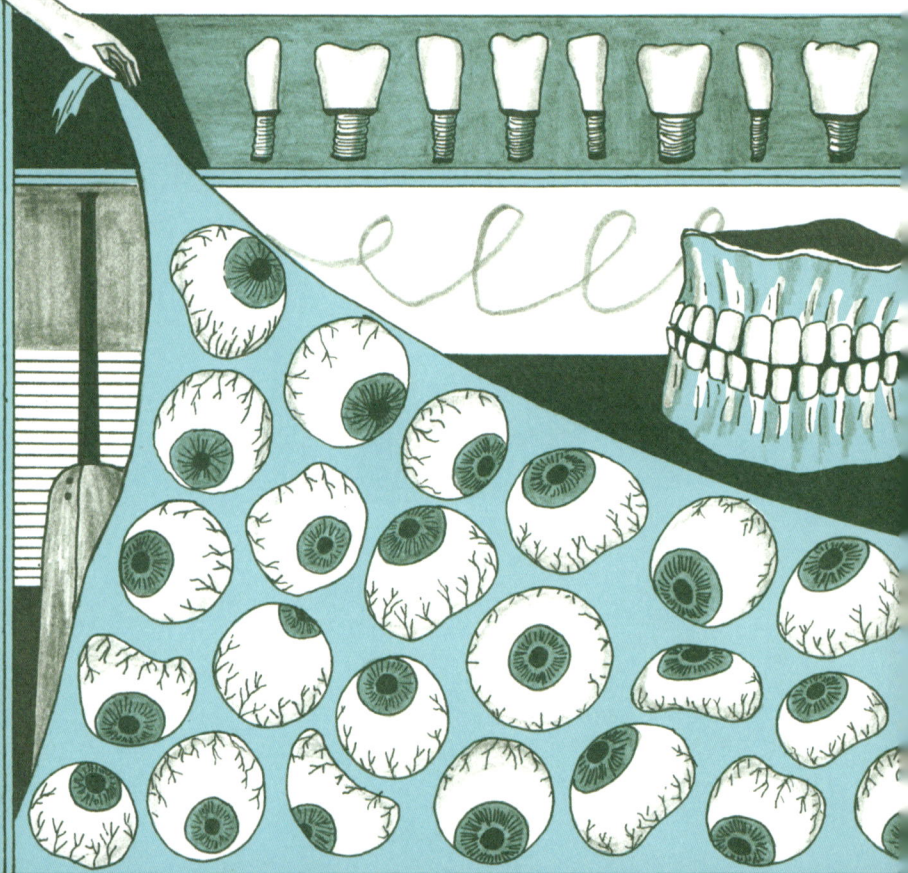

몸 어딘가를 영영 못 쓰게 되면
대체물을 넣으면 돼요
바로 당신의 몸속에요

남의 간, 폐, 혹은 인공심장, 금속 관절도 있어요
멋지지 않나요?
피도 빌려주고 창자도 줘요
세포를 고치고 유전자도 바꾸는 걸요

결국 우린
반은 사람, 반은 기계가 될지 몰라요

책에 등장하는 인물들

그레고어 요한 멘델(Gregor Johann Mendel, 1822~1884)
체코의 모라비아에서 태어나 브르노에 살면서 유전학의 원리를 발견한 오스트리아의 동식물 연구가이자 수도사(p.56, 91)

니콜라우스 코페르니쿠스(Nicolaus Copernicus, 1473~1543)
폴란드의 천문학자이자 의사(p.53)

로베르트 코흐(Robert Koch, 1843~1910)
독일의 세균학자이자 면역학자(p.42, 43)

로테르담의 에라스뮈스(Erasmus of Rotterdam, 1466~1536)
르네상스 시대 네덜란드 사상가(p.77)

루이 파스퇴르(Louis Pasteur, 1822~1895)
프랑스의 화학자이자 미생물학자, 면역학자(p.43)

마리아 테레지아(Maria Theresía, 1717~1780)
체코와 헝가리를 포함했던 오스트리아 합스부르크 왕국의 여제(p.88)

맥베스(Macbeth)
윌리엄 셰익스피어의 희곡 『맥베스』에 등장하는 스코틀랜드의 왕(p.65)

베냐민 프라그너(Benjamin Fragner, 1824~1886)
체코의 약사로 나중에 가족이 운영하는 제약회사가 그의 이름을 따르게 됨(p.67)

빌헬름 뢴트겐(Wilhelm Röntgen, 1845~1923)
독일의 물리학자(p.55, 56)

셀레스틴 오피츠(Celestýn Opitz, 1810~1866)
체코 프라하의 외과 의사이자 성직자(p.18)

아스클레피오스
의학을 다스리는 신(p.29)

아폴로
의학을 비롯한 여러 능력이 있는 로마 신화의 신(p.29)

안드레아스 베살리우스(Andreas Vesalius, 1514~1564)
이탈리아에서 일했던 벨기에 의사(p.53, 57)

알렉산더 플레밍(Alexander Fleming, 1881~1955)
페니실린의 치료 효과를 발견한 영국의 의사(p.67)

알로이스 알츠하이머(Alois Alzheimer, 1864~1915)
독일의 정신과 의사이자 신경병리학자(p.79)

알프레드 노벨(Alfred Nobel, 1833~1896)
스웨덴의 기업가이자 화학자, 노벨상 창시자(p.55, 67)

앙리 뒤낭(Henri Dunant, 1828~1910)
국제적십자를 창설한 스위스의 인도주의자(p.31)

앙브루아즈 파레(Ambroise Paré, 1510~1590)
프랑스의 외과 의사(p.18)

얀 예세니우스(Jan Jessenius, 1566~1621)
합스부르크 왕가에 대한 반란에 참여한 혐의로 처형된 체코의 의사이자 프라하 대학 교수(p.51, 53)

에드워드 제너(Edward Jenner, 1749~1823)
백신을 발명한 영국의 의사(p.88, 89)

오토 폰 비스마르크(Otto von Bismarck, 1815~1898)
중부 유럽의 상해·건강·사회 보험 모델을 창시한 프로이센(독일)의 정치가(p.31)

외치(Ötzi, BC 3300년경에 살았던 것으로 추정)
냉동 상태로 발견되어 아이스맨이라고 불리는 미라. 청동기시대에 살았던 것으로 추정함(p.14, 16)

윌리엄 모튼(William Morton, 1819~1868)
미국의 치과 의사(p.18)

윌리엄 셰익스피어(William Shakespeare, 1564~1616)
영국의 시인이자 희곡 작가(p.65)

윌리엄 하비(William Harvey, 1578~1657)
심장을 중심으로 하는 혈액순환설을 주장한 영국의 의사(p.53, 57)

이그낙 제멜바이스(Ignaz Semmelweis, 1818~1865)
독일의 산부인과 의사(p.43)

임호텝
최초의 의사라고 알려진 고대 이집트인(p.76)

장 마르틴 샤르코(Jean Martin Charcot, 1825~1893)
프랑스의 신경학자이자 정신과 의사(p.79)

제임스 와트(James Watt, 1736~1819)
영국의 엔지니어이자 발명가(p.42)

제임스 왓슨(James Watson, 1928년생)
프란시스 크릭과 공동으로 DNA 구조를 규명한 미국의 생화학자이자 유전학자(p.91)

조셉 리스터(Joseph Lister, 1827~1912)
영국의 외과 의사(p.19, 43)

지그문트 프로이트(Sigmund Freud, 1856~1939)
정신분석 창시자인 오스트리아의 신경과 전문의이자 심리학자(p.79)

지킬 박사
영국 작가 R. L. 스티븐슨의 공포소설 『지킬 박사와 하이드의 이상한 사건』에 등장하는 실험적인 의사 캐릭터(p.77)

카를 란트슈타이너(Karl Landsteiner, 1868~1943)
혈액형 타입을 발견한 오스트리아의 면역학자이자 혈청학자(p.19)

콥첸
체코의 작가 스토치(Štorch)가 초기 석기시대를 배경으로 쓴 역사소설 『매머드 사냥꾼』에 등장하는 캐릭터(p.17)

크리스티안 버나드(Christiaan Barnard, 1922~2001)
최초로 심장이식에 성공한 남아프리카의 외과 의사(p.91)

테오도어 빌로스(Theodor Billroth, 1829~1894)
독일 태생으로 오스트리아에서 활동한 외과 의사(p.18)

토마스 바타(Tomaš Baťa, 1876~1932)
체코의 기업가(p.67)

토머스 에디슨(Thomas Edison, 1847-1931)
미국의 발명가(p.42)

프란시스 크릭(Francis Crick, 1916~2004)
DNA 구조를 공동연구로 발견한 영국의 생물학자(p.91)

프랑켄슈타인
영국 작가 메리 셸리(Mary Shelley)가 쓴 소설에 등장하는 정신이상의 과학자 캐릭터(p.77)

프레더릭 그랜트 밴팅(Frederick Grant Banting, 1891~1941)
당뇨병 치료를 위한 인슐린의 효능을 발견한 캐나다의 의사(p.67)

프리드리히 아우구스트 케쿨레(Friedrich August Kekule, 1829~1896)
독일의 유기화학자(p.66)

한스 아스페르거(Hans Asperger, 1906~1980)
오스트리아의 소아과 의사(p.79)

해리 포터
영국 소설가 조앤 롤링(Joanne Rowling)의 소설 시리즈에 등장하는 주인공(p.60)

헨리 포드(Henry Ford, 1863-1946)
미국의 기업가(p.67)

히기에이아
건강과 위생을 주관하던 고대 여신(p.29)

히포크라테스(Hippocrates, BC 460~BC 370으로 추정)
고대 그리스의 의사(p.25, 28, 29)

힐데가르트 폰 빙엔(Hildegard von Bingen, 1098~1179)
신비한 치유 능력이 있었던 것으로 알려진 중세 독일의 수녀(p64)

글: 페트르 스보보드니(Petr Svobodný) 프라하 카렐 대학교(Charles University in Prague)의 교수로서 학생들을 가르치고 연구하고 논문을 발표하고 있어요. 전공 분야는 대학의 역사, 과학의 역사, 특히 의학과 보건의 역사랍니다. 많은 과학 논문의 저자이며, 여러 권의 책을 공동 저술했어요. 세 딸의 아버지로 집에서 '공부'만 하다가 드디어 30년 만에 아동을 위한 책을 쓸 용기를 얻었어요.	**그림: 니콜라 로고소바(Nikola Logosová)** 병원에 가는 것보다 병원과 의사 그리기를 더 좋아해요. 어렸을 때 예방주사를 너무 무서워했지만, 이제는 그 정도는 아니라고 합니다. 의과대학 교과서의 옛날 해부학 그림들을 좋아해요.	**시: 로빈 크랄(Robin Král)** 아동과 모든 사람을 위해 시를 짓고 노래 가사를 쓰고 있어요. 어렸을 때 간호사처럼 생긴 마녀가 나오는 악몽을 반복해서 꿨다고 해요. 이제는 의사들과 좋은 관계를 유지하고 있으며, 재미있는 의사도 몇 명 알고 있답니다.
그래픽 디자인: 주자나 레드니츠카(Zuzana Lednická) 아버지가 외과 의사, 어머니가 내과 의사였기 때문에 약간의 열 정도는 대수롭지 않게 여기며 자랐어요. 예를 들어, 콧물에는 수영이 최고의 처방이었고, 집에서 아침을 먹으며 주사를 맞기도 했어요. 이런 경험에도 불구하고, 전쟁 부상이나 피부병 사진과 그림이 있는 책을 몰래 보는 것을 좋아했어요. 아직도 하얀 가운에 애정을 느끼고 있으며, 이 책을 만드는 일이 무척 즐거웠다고 합니다.	**옮긴이: 김혜림** 서울대학교 심리학과를 졸업하고, 미국 하버드대학교 대학원에서 사회심리학 박사과정을 수료했어요. 지금은 출판 기획 및 번역을 하고 있답니다. 아버지를 비롯하여 집안에 의사가 많아 가족 모임에서 종종 다양한 환자들 이야기를 들으며 자랐어요. 《뇌과학의 비밀》, 《돌봄의 언어》, 《올리버의 재구성》, 《젠더 모자이크》, 《이중언어의 기쁨과 슬픔》을 번역했고, 어린이 책으로는 《열두 살 궁금이를 위한 정치》, 《차별의 벽을 넘어 세상을 바꾼 101명의 여성》을 우리말로 옮겼습니다.	

열두 살 궁그미를 위한
의학아 고마워!
일주일에 끝내는 의학 역사

초판 1쇄 발행 2023년 5월 15일

글쓴이	페트르 스보보드니
그린이	니콜라 로고소바
시쓴이	로빈 크랄
그래픽 디자인	주자나 레드니츠카
옮긴이	김혜림

펴낸이	이혜경
펴낸곳	니케북스
출판등록	2014. 04. 7	제 300-2014-102호
주소	서울시 종로구 새문안로 92 광화문 오피시아 1717호
전화	(02)735-9515	팩스 (02)6499-9518
전자우편	nikebooks@naver.com
블로그	nikebooks.co.kr
페이스북	www.facebook.com/nikebooks
인스타그램	www.instagram.com/nike_books

ISBN 978-89-98062-64-4 73510

니케주니어는 니케북스의 아동·청소년 브랜드입니다.

책값은 뒤표지에 있습니다.
잘못된 책은 구입한 서점에서 바꿔 드립니다.

어린이제품 안전특별법에 의한 표시사항

제조자명 니케북스 제조국 대한민국 사용연령 8~13세 제조년월 판권에 별도 표기
주소 서울시 종로구 새문안로 92 광화문 오피시아 1717호 연락처 02-735-9515
주의사항 책 모서리나 종이에 긁히거나 베이지 않게 조심하세요.